Die lernende Organisation
Band 12

Allen E. Ivey

Führung durch Kommunikation

Zwischenmenschliche Kompetenz
als Schlüssel zum unternehmerischen Erfolg

Rosenberger Fachverlag Leonberg

Die Deutsche Bibliothek – CIP-Einheitsaufnahme

Ivey, Allen E.:
Führung durch Kommunikation: zwischenmenschliche Kompetenz
als Schlüssel zum unternehmerischen Erfolg / Allen E. Ivey. [Übers.
von Lisa Gondos]. – 2., durchges. Aufl. – Leonberg: Rosenberger
Fachverl., 2000
(Die lernende Organisation; Bd. 12)
ISBN 3-931085-26-0

Übersetzt von Lisa Gondos

2. durchgesehene Auflage

Umschlaggestaltung: Eva Martinez, Stuttgart
Lektorat: Manuela Olsson, M.A., Göppingen
Satz: UM-Satz- & Werbestudio Ulrike Messer, Weissach
Druck: Wilhelm Stäudle GmbH & Co., Öhringen
Printed in Germany
ISBN 3-931085-26-0

Inhalt

Kapitel 9

Danksagung

An Joseph Litterer und Robert Marx für Vorschläge und Kommentare zu Teilen des Manuskripts.

An Mary Bradford Ivey für redaktionelle Kommentare, Kritik und Ermutigung.

An Don Wales von Basics, New London, New Hampshire, der mir die Geschichte von Joe und dem olympischen Skiteam erzählt hat.

An Thomas Scribner, der dafür sorgt, dass die Straßen von New Hampshire befahrbar bleiben, und so das Schreiben und Ski fahren möglich macht.

Einleitung

Den größten Teil ihrer Arbeitszeit verbringen Manager mit Kommunikation. Eine Untersuchung über den Arbeitsalltag von Führungskräften hat kürzlich ergeben, dass es dabei pro Tag zu mehr als 500 Interaktionen mit Kollegen, Untergebenen, Vorgesetzten oder Kunden kommt.

Wie man weiß, sind zwischenmenschliche Schwierigkeiten oft die Ursache für Kündigungen, in vielen Fällen, weil die Kommunikation versagt hat. Es gibt unzählige Berichte darüber, wieviel Zeit, Geld, Umsatz und Chancen durch Fehler in der Kommunikation vertan werden.

Wir leben in einer Zeit des Personalabbaus und des verstärkten internationalen Wettbewerbs. Daher ist es erst recht wichtig, gute Produkte und Dienstleistungen anzubieten. Verbraucher kaufen nicht den menschlichen Führungsstil – sie sind an Produkten interessiert. Dieses Buch will Ihnen zeigen, wie Sie bestimmte kommunikative Fertigkeiten dazu nutzen können, Ihr Produkt- und Dienstleistungsangebot zu optimieren und gleichzeitig für eine gute Arbeitsmoral und ein menschliches Klima am Arbeitsplatz zu sorgen.

Dieses Buch ist das Ergebnis von über zwanzig Jahren Forschung, Beobachtung und Trainer-Tätigkeit. Was letztendlich zählt, ist, dass die Kommunikationstechniken funktionieren. In diesem Buch geht es aber nicht allein um Kommunikation, sondern darum, konkrete Ergebnisse zu erzielen, den Standpunkt anderer Menschen zu verstehen und sie beeinflussen und führen zu können.

Am wichtigsten ist es, dass man die in diesem Buch vorgestellten Fertigkeiten gründlich übt. Es ist erwiesen, dass man die Kommunikation, sei es im Einzelgespräch oder in einer Gruppe, vorhersehen und kontrollieren kann. Werden die dafür nötigen Fertigkeiten jedoch nicht in die Praxis umgesetzt, gehen sie wieder verloren.

In unserer komplexen Welt gibt es nun einmal keine einfachen Lösungen.

Die Kommunikation von Mensch zu Mensch ist zu wichtig, als dass man sie dem Zufall überlassen sollte. Kommunikation lässt sich meistern.

Sunapee, New Hampshire, 1987
Amherst, Massachusetts, 1995
ALLEN E. IVEY, ED.D., A.B.P.P.

1. Produktmanagement: Erfolgreich durch Kommunikation von Mensch zu Mensch

„Bei uns steht der Mensch im Mittelpunkt."
„Wir hören Ihnen zu."
„Wir kümmern uns um Sie."
„Seit 1906 immer für Sie da."

Die amerikanische Wirtschaft scheint von den Anforderungen der Humanistischen Psychologie überrollt worden zu sein. „Wenn wir als ein sympathisches Unternehmen erscheinen, das sich um die Menschen kümmert, lassen sich auch unsere Produkte verkaufen."

Grundsätze dieser Art und am Menschen orientierte Managementpraktiken haben allerdings nichts genutzt, die Autos von General Motors oder Ford zu verkaufen, als der hervorragend konstruierte Datsun „240 Z" von Nissan auf den Markt kam und um 2000 Dollar billiger war als die Konkurrenz. Inzwischen muss sich Nissan Sorgen über den koreanischen Hyundai machen, und die Taiwanesen und Malaysier warten schon darauf, den heutigen Status quo in Frage zu stellen.

Vielleicht wäre der amerikanischen Wirtschaft mit ihren menschlich orientierten Slogans durch folgendes neue Motto besser gedient:

„Menschen kaufen nicht Menschen, sondern Produkte."

Menschen und Produkte

Es soll hier nicht geleugnet werden, dass man auch durch eine menschliche Unternehmenspolitik Gewinne erzielen kann. Wenn Sie als Führungskraft nicht gut mit Ihren Angestellten zusammenarbeiten, wird es niemanden geben, der fähig bzw. willens ist, die Produkte herzustellen, die den Gewinn erwirtschaften.

Aber es gibt auch die Kehrseite der Medaille. In den An-
fangszeiten von Apple war Firmengründer STEPHEN JOBS
einer der Hauptvertreter des humanistisch geprägten Prin-
zips der Selbstverwirklichung. Die Gewinne gingen zurück,
STEPHEN JOBS wurde aus dem Unternehmen gedrängt. Apple ging dazu über, den Schwerpunkt auf die Produkte und
deren Qualität zu legen. Seinen ursprünglichen Erfolg ver-
dankte Apple einem innovativen Produkt, für das es einen
klaren Bedarf gab, und nicht der innovativen Personalfüh-
rung des Unternehmens.

Nichts vertreibt die Menschen schneller aus den Schnellre-
staurants von McDonald's oder Burger King als ein kalter,
fade schmeckender Hamburger – auch wenn er mit einem
Lächeln serviert wird. Es ist die gleichbleibend gute Qualität, die den Umsatz garantiert. Das Lächeln ist eine angenehme Zugabe.

Es ist schön zu wissen, dass Sony neben der Qualität seiner
Geräte auch eine hervorragende Unternehmenspolitik be-
treibt. Allerdings denken vergleichsweise wenige von uns
daran, wenn wir einen Preisvergleich mit dem entsprechenden koreanischen Modell anstellen. Die Treue des Kunden
hält an, solange Preis und Qualität stimmen.

Offenbar sind die stark vereinfachenden humanistischen
Praktiken des populären Managementtrainings nicht mehr
aktuell.

Ein kurzer Überblick über die Geschichte
der Managementtheorie:
Wie wir am „falschen Punkt" gelandet sind

FREDERICK TAYLOR gilt als Vater des Scientific Management. Er war es, der Anfang dieses Jahrhunderts heraus-
fand, dass die Produktivität gesteigert werden kann, wenn

man die Montage eines Produkts in Einzelschritte unterteilt und diese dann so anordnet, dass ein effektiverer Ablauf zustande kommt. TAYLORS Studie über Zeit und Bewegung bereitete den Weg für HENRY FORDS Fertigungsstraße, die die Industrie weltweit für immer verändert hat.

Es fällt Ihnen vielleicht auf, dass die Ausrichtung der Fertigkeiten in diesem Buch sehr stark in der Tradition TAYLORS verankert ist. Kommunikationstechniken und Managementprobleme werden hier zerlegt und anschließend neu angeordnet, um einen effektiveren Kommunikationsfluss zu erzielen.

Das Ehepaar FRANK und LILLIAN GILBRETH gehörte zu den Top-Managementberatern der zwanziger Jahre. FRANK GILBRETH setzte TAYLORS Studien zu Zeit und Bewegung fort und perfektionierte sie. Der Ansatz half ihm sogar dabei, seine Familie mit zwölf Kindern zu organisieren, die durch das Buch *Im Dutzend billiger* und den gleichnamigen Film verewigt worden ist.

LILLIAN GILBRETHs warmes und verständnisvolles Wesen war der willkommene Ausgleich für Franks Sinn für Effektivität. Sie sorgte bei ihren Kindern nicht nur für Ordnung, sie gab ihnen auch Liebe und Geborgenheit. Später machte sie selbst Karriere als Unternehmensberaterin und Dozentin der New Yorker Columbia-Universität. Man könnte sagen, dass sie die Begründerin des menschlich orientierten Führungsstils ist.

Gemeinsam erinnern uns die GILBRETHs daran, dass Produkte und Menschen sich nicht trennen lassen. Daher müssen sich Kommunikationsfertigkeiten sowohl an den Menschen als auch an den Produkten bzw. Dienstleistungen orientieren.

Wie aber kam es dazu, dass die wichtige Balance in der Unternehmensführung, die die GILBRETHs vertreten hatten, verloren gehen konnte?

In den späten dreißiger Jahren untersuchte die Western Electric Company eine Montageanlage für elektronische Bauteile, „bank wiring room" genannt. Managementspezialisten fanden heraus, dass offenbar *jede* Veränderung die Produktion erhöhte. So veränderten sie zum Beispiel die Farbe an den Wänden – die Produktivität stieg. Sie veränderten den Montageablauf – die Produktivität stieg. Selbst als sie den Raum wieder in der ursprünglichen Farbe strichen, stieg die Produktivität erneut.

Diese Studie bei Western Electric war der Ausgangspunkt für die Entwicklung des am Menschen ausgerichteten Führungsstils. Das Hauptergebnis des Experiments war, *dass die Produktivität immer steigt, wenn man dem Menschen als Menschen Aufmerksamkeit schenkt.*

Diese Tatsache ist nicht zu leugnen, sie wurde jedoch so sehr auf die Spitze getrieben, dass Konstruktion, Produktion und alles, was die Dinge zum Laufen bringt, dabei auf der Strecke blieben.

Einseitig am Produkt orientiertes Management wurde in den späten vierziger Jahren von DOUGLAS MCGREGOR als *Theorie X* bezeichnet. Er stellte ihr die *Theorie Y* entgegen, die für den menschlich orientierten Führungsstil eintrat und für eine fast ausschließliche Priorität des Menschen vor dem Produkt. Produktorientiertes Management kam völlig aus der Mode.

Selbstverwirklichung und die Verherrlichung des Individuums kann man als die Haupttriebfedern im Management der letzten dreißig Jahre bezeichnen. Besonders einflussreich war in diesem Zusammenhang die Selbstverwirklichungspsychologie von ABRAHAM MASLOW und CARL ROGERS. Nur leider haben die Selbstverwirklichungsunternehmen im kalifornischen Silicon Valley gegenüber Japan und der gruppenorientierten *Theorie Z* der japanischen Firmen schnell an Boden verloren.

Jetzt, wo sich Südostasien im Aufschwung befindet, steckt die Managementtheorie in Schwierigkeiten. Es wurde vielfach nach der „schnellen Lösung" gegriffen. Man schaue sich nur den Erfolg vieler Management-Ratgeber an, die einfache Lösungen für komplexe Probleme anbieten.

Es gibt jedoch keine schnellen Lösungen und keine einfache Art, ein Unternehmen zu führen. Sei es Kentucky Fried Chicken, Volkswagen oder Samsung, entscheidend ist das Gleichgewicht zwischen Menschen und Produkten. Wird ein Aspekt überbetont, kann das zu großen Schwierigkeiten führen.

Ein heutiger Trend ist das Krisenmanagement, auch „management by the quarterly balance sheet" (Management nach der Vierteljahresbilanz) genannt. Es wird Schadensbegrenzung betrieben und Personal abgebaut, und alle Programme, die sich nicht sofort als erfolgreich und profitabel erweisen, werden eingestellt.

„Wir hätten Zapmail zum Laufen bringen können, aber dafür hätten wir erst eine ganze Weile hineinbuttern müssen." Durch FREDERICK SMITHS „Zapmail" konnte man Briefe und andere Schriftstücke innerhalb von zwei Stunden überallhin in die USA befördern. Da das Projekt jedoch nach drei Jahren noch keinen Gewinn abwarf, wurde es eingestellt.

„Man darf sich nicht gefühlsmäßig an irgendwelche Investitionen binden", sagt MARTIN DAVIS von Gulf and Western.

Die neueste Lösungsstrategie im Management hat Ähnlichkeiten mit der Chirurgie. Wenn etwas nicht gleich funktioniert, weg damit!

Die Sony Corporation brauchte zehn Jahre, bis sie in den USA Gewinne erwirtschaftete. Gute Produkte sind nicht al-

les. Man braucht auch Zeit und Menschen, um Produktver-
sprechen einzulösen. Bei dem Stichwort Kommunikationsfertigkeiten denkt man vor allem an die Lösung zwischenmenschlicher Probleme. Doch Sie sehen, Kommunikation von Mensch zu Mensch ist nicht nur für Menschen da,
sie dient auch dazu, Produkte und Dienstleistungen zu verbessern.

Wie Ihnen vielleicht aufgefallen ist, hat die Managementtheorie eine Reihe von Trends durchgemacht. Im Grunde
handelt es sich jedoch um unterschiedlich gewichtete Vari-
anten der Theorie X (produktorientiertes Management) und
Theorie Y (menschlich orientierter Führungsstil). Inzwischen hat sich gezeigt, dass eine flexible Ausgewogenheit
zwischen Mensch und Produkt nötig ist, wenn ein Unternehmen Erfolg haben will.

Wenden wir uns nun den Ergebnissen zu und lassen Sie uns
überlegen, wie diese Kommunikationsfertigkeiten auf pro-
duktorientierte Managementprobleme angewandt werden
können, wenn es etwa darum geht, ein neues Produkt zu
entwickeln, eine Marketingstrategie zu entwerfen oder die
Qualität eines Produkts zu verbessern.

Einfühlung und Führung als Techniken
zur Entwicklung und Optimierung von Produkten
und Dienstleistungen

Die Kommunikationsfertigkeiten erfolgreicher Manager
lassen sich unterteilen in Techniken der Einfühlung und der
Führung. Sich in den Geschäftskollegen, Untergebenen oder
Kunden einzufühlen, bedeutet, zuzuhören und mit ihnen
„mitzugehen". Wenn Sie Kunden oder Freunde dazu bringen wollen, aktiv zu werden, müssen Sie sich zunächst in
sie hineinversetzen. Nur so können Sie erfahren, was sie
denken bzw. was sie brauchen.

Führen ist ebenso wichtig und ergibt sich in natürlicher Weise aus gekonntem Zuhören und Einfühlen. Fähige Trainer, die mit ihrem Team arbeiten, fühlen sich in die betreffenden Menschen ein und erfahren so, wie diese denken und wozu sie fähig sind. Indem sie sich in ihre Teammitglieder hineinversetzen und ihnen zuhören, können sie die unterschiedlichen Fähigkeiten jedes Einzelnen optimal nutzen. Mit den Fertigkeiten des Führens und Beeinflussens werden auch Sie das erreichen, was Sie in der Kommunikation mit Kollegen, Untergebenen und Vorgesetzten anstreben.

Durch geschickte Einfühlung und Führung lässt sich jede Kommunikationssituation meistern.

Die Kunden kaufen zwar nicht die Menschen, die hinter dem Produkt stehen, aber gerade die Menschen, die hinter den Kulissen der guten Restaurantkette, der florierenden Computerchip-Firma oder der Fernsehstation stehen, sind es, die die neuen Produkte entwickeln und produzieren.

Nehmen wir an, Sie sind bei einem pharmazeutischen Unternehmen für die Einführung eines neuen Schnupfenmittels zuständig. Das Medikament kommt nicht gut an. Betreiben Sie Schadensbegrenzung, wie es FREDERICK SMITH im Fall von Zapmail tat, oder stellen Sie sich der Herausforderung wie Nissan oder Sony in der schwierigen Anfangszeit in den USA?

Alle Fertigkeiten, die in diesem Buch vermittelt werden, helfen dabei, konkrete Probleme zu lösen. Dabei lautet die erste Frage: „Liegt das Problem beim Menschen oder beim Produkt, oder – was wahrscheinlicher ist – was fehlt an der Schnittstelle zwischen Mensch und Produkt?" Ob Sie mit einem einzelnen Verkäufer zusammenarbeiten oder eine Teamsitzung abhalten, Sie müssen zunächst das Problem definieren. Eine klare Definition des Problems macht oft schon 90 Prozent der Lösung aus.

Dieses Buch zeigt Ihnen die Möglichkeiten auf, wie Sie sich in Ihr Arbeitsteam einfühlen und es führen können.

Wenn die Schwierigkeiten beim Produkt liegen: Geht es um die Verpackung, eine Werbekampagne, den Preis oder den Wettbewerb? Wenn das Problem in einer bestimmten Person oder der Gruppe liegt: Sollten Sie am besten Feedback, Ratschläge oder Drohungen einsetzen? Vielleicht müssen Sie auch zu Disziplinierungsmaßnahmen greifen. Engstirnige Führungskräfte tendieren zu einfachen Problemdefinitionen. Allerdings lösen sie dann oft das falsche Problem. Die verschiedenen Einfühlungs- und Führungstechniken werden in diesem Buch eine nach der anderen vorgestellt. Wenn Sie jede dieser Fertigkeit so lange üben, bis Sie sie richtig beherrschen, werden Sie den Kommunikationsprozess im Griff haben. Sie werden Sitzungen effektiver leiten und kurze Arbeitsgespräche besser nutzen können.

Solange Sie nicht gut kommunizieren können, kennen Sie weder die Konkurrenz noch Ihr eigenes Potential. Durch erfolgreiche Kommunikation können Sie Ihrem Team ein besserer Coach sein.

Face to Face International
(Von Mensch zu Mensch International)

Manager zu sein wird immer mehr zu einem internationalen Beruf. Die Globalisierung des Wertpapiermarktes, der Binnenmarkt, Firmenzusammenschlüsse und die Auseinandersetzung mit der Wirtschaftsmacht Asien sind nur einige Beispiele dafür, dass die Zeiten vorbei sind, in denen ein Unternehmen oder ein Manager einzig auf die Unternehmenskultur und den Markt des eigenen Landes bauen konnte.

Das Management der Zukunft setzt eine große Bereitschaft voraus, Menschen, die aus verschiedenen Kulturen stammen, zu verstehen, sich in sie hineinzuversetzen und sie führen zu können. Manager von heute müssen über nationale und kulturelle Grenzen hinweg kommunizieren können.

„Face to Face" ist ein international eingeführtes, in viele Sprachen übersetztes Trainingsprogramm, mit dem die Gesprächseffizienz erhöht werden kann. Das zugrunde liegende Konzept ist seit vielen Jahren in den Vereinigten Staaten, aber auch in Europa und Japan erprobt worden. Mit gewissen kulturbedingten Abwandlungen ist das Programm in so unterschiedlichen Ländern wie Malaysia und Hongkong sowie in Südamerika und Australien, und selbst am kanadischen Polarkreis erfolgreich eingesetzt worden.

Als Manager leben Sie in einer zunehmend vernetzten Welt. Ob Sie in einer Produktionsstätte in Chicago arbeiten, in einem Londoner Büro oder in einer Konzernzentrale in Stuttgart – ausschlaggebend für Ihre persönliche Zukunft und die Ihres Unternehmens ist Ihre Fähigkeit, einen wirkungsvollen Dialog mit Ihren Mitarbeitern, Kollegen und Vorgesetzten zu führen.

Einfühlungs- und Führungstechniken

Jedes Kapitel dieses Buches behandelt eine einzelne, entscheidende Kommunikationsfertigkeit oder ein Prinzip, das wichtig ist, um Besprechungen mit Untergebenen, Kollegen, Vorgesetzten oder Kunden planen und leiten zu können.

In der folgenden Tabelle finden Sie einen Überblick über die Techniken, die Sie im Verlauf dieses Buches kennenlernen werden. Aufmerksamkeitsverhalten, das in *Kapitel 2* besprochen wird, ist die Grundlage, um sich in allen Kommunikationssituationen einfühlen und die Führung übernehmen zu können.

Fertigkeit	Anwendungsbereich
Aufmerksamkeit	Versetzt Sie in die Lage, den verbalen und nonverbalen Kommunikationsstil des anderen zu erkennen und sich ihm anzupassen.
Fragen	Erleichtern es, den Bezugsrahmen anderer Menschen zu verstehen, und geben Ihnen gleichzeitig die Möglichkeit, über Ausmaß und Richtung des Gesprächs zu bestimmen.
Spiegeln	Besonders wichtig, um sich in andere einzufühlen und fremde Standpunkte zu verstehen.
Strukturieren	Versetzt Sie in die Lage, zwischenmenschliche Begegnungen so zu gestalten, dass Ergebnisse erzielt werden, sei es im Einzelgespräch oder in der Teamsitzung.
Unterschiedliche Blickwinkel einnehmen	Zeigt, wie man Einzelne und Gruppen an ein umfassendes Verständnis des Problems heranführt, damit bessere Entscheidungen getroffen werden können.
Direktes Ansprechen	Als zentrale Managementfertigkeit verhilft Ihnen das direkte Ansprechen vorhandener Diskrepanzen dazu, Einfühlung und Führung auf eine Weise zu kombinieren, die für Verhandlungen, Leistungsbeurteilungen und zur kreativen Problemlösung nützlich ist.
Beeinflussen	Richtiges Führen beinhaltet die Fähigkeit, andere Menschen wirksam beeinflussen zu können.

Geschicktes Fragen und Zuhören wird in den *Kapiteln 3* und *4* behandelt. Dort werden Sie auch erfahren, wie man die Schlüsselfaktoren einer Situation erkennen kann, wie Ihre Gesprächspartner die Fakten bewerten, wie sie der betreffenden Angelegenheit gefühlsmäßig gegenüberstehen und wie ihr Denken organisiert ist.

Gespräche und Besprechungen wirksam zu strukturieren, ist das Thema von *Kapitel 5*. Sie können die Methoden der Einfühlung und Führung einsetzen, um bei Gesprächen und Sitzungen die Resultate zu erzielen, die Sie sich wünschen.

Ein Problem gezielt aus verschiedenen Blickwinkeln zu betrachten und widersprüchliche Botschaften, denen man immer wieder begegnet, direkt anzusprechen, davon handeln die *Kapitel 6* und *7*. Wenn Sie diese Fertigkeiten beherrschen, sind Sie in der Lage, auch komplexe Situationen systematisch anzugehen und die vielen widersprüchlichen Äußerungen, mit denen jeder Manager täglich konfrontiert wird, offen anzusprechen.

Einige Führungskräfte sind der Meinung, ihre vorrangige Aufgabe sei es, andere zu beeinflussen. In gewisser Weise stimmt das auch, aber bei echter zwischenmenschliche Einflussnahme wird der Gesprächspartner respektiert und neben den eigenen Ideen werden auch die der anderen zur Lösung von Problemen herangezogen. *Kapitel 8* liefert eine Sichtweise auf zwischenmenschliche Einflussnahme, die zeigt, wie persönlicher Einfluss in einer Besprechung in unterschiedlichem Maße geltend gemacht werden kann.

Aber ganz so einfach ist es leider nicht. *Schließlich machen ein paar Kommunikationstechniken noch keinen Manager aus.* Deshalb kommen wir in *Kapitel 9* darauf zurück, dass ohne ausreichende Orientierung am Produkt bzw. an der Aufgabe kein Erfolg zu erwarten ist. Wir zeigen, wie wichtig die Kommunikation auch bei Produktentwicklung und Marketing ist.

Samurai-Management

Japanische Schwertkampf-Meister erlernen ihre Technik durch eine detaillierte Folge von Übungen. Die Kunst des Schwertkampfes wird in Einzelfertigkeiten zerlegt, die sorgfältig studiert und schließlich, eine nach der anderen, eingeübt werden. An jeder Technik wird so lange gefeilt, bis sie voll und ganz beherrscht wird. Perfektion und ein harmonischer, fließender Ablauf sind das Ziel.

Wenn der Samurai seine Ausbildung absolviert hat, zieht er sich auf einen Berggipfel zurück, um die Techniken, die er gerade gelernt hat, wieder zu vergessen.

Bei seiner Rückkehr sind ihm die neuen Fertigkeiten in Fleisch und Blut übergegangen.

Im Management Hervorragendes zu leisten, setzt kompetente Kommunikation voraus: die Fähigkeit zuzuhören, verschiedene Blickwinkel einzunehmen und Widersprüche direkt anzusprechen sowie die Fähigkeit, andere Menschen zu leiten und zu beeinflussen.

Entscheidend bei all diesen Fähigkeiten ist die Meisterschaft im Sinne der Samurai: Die Techniken, die in diesem Buch vorgestellt werden, sind leicht zu verstehen und – mit Geduld und Übung – auch leicht zu beherrschen. *Aber verstehen heißt noch nicht, sie auch zu beherrschen.* Wie Sie wissen, erfährt man heute etwas Neues, das man morgen schon wieder vergessen hat. Deshalb geht es in diesem Buch darum, die entscheidenden Kommunikationsfertigkeiten auch anzuwenden und zu verbessern.

Meisterschaft bedeutet für den Samurai, an jeder Technik bis zur Perfektion zu feilen. Auch Ihr Können wird davon abhängen, inwieweit Sie bereit sind, jede Technik gründlich zu üben.

Dieses kleine Buch ist das Ergebnis von zwanzig Jahren Beobachtung, Erfahrung und empirischer Forschung. Lesen lässt es sich allerdings in relativ kurzer Zeit. Langfristig bestimmen Sie als Leser seinen Wert und sein Potenzial. Denn schließlich sind Sie es, der die hier vorgestellten Konzepte zum Leben erwecken und weiterentwickeln kann, indem Sie sie anwenden, um mit den Menschen Ihrer Umgebung erfolgreich zu kommunizieren.

2. Aufmerksamkeit: Die Grundlage jeder Kommunikation

Kommunikation beginnt, sobald ein Mensch einem anderen etwas mitteilt. Wenn Sie Ihren Kunden oder Ihrem Vorgesetzten ein Produkt oder eine Idee verkaufen wollen, geht es zunächst immer um die Vermittlung von Informationen.

Können Sie sich daran erinnern, wie unangenehm es ist, wenn Ihnen nicht zugehört wird, Sie missverstanden oder, noch schlimmer, ignoriert werden? Am besten versteht man die Prinzipien der Einfühlung und Aufmerksamkeit, wenn man sich in Erinnerung ruft, was damit *nicht* gemeint ist.

Nehmen Sie sich einen Moment Zeit und denken Sie an einen Chef, Verkäufer oder Mitarbeiter, der Ihnen nicht zugehört hat. Was genau hat er getan? Wie haben Sie sich gefühlt, als Sie merkten, dass Ihnen nicht zugehört, dass Ihre Botschaft verfälscht oder gar ignoriert wurde?

Was Zuhören nicht ist

Wer Ihnen nicht zuhört, macht den Fehler, sich nicht in Sie hineinzuversetzen und sich nicht in Ihrer Gedankenwelt zu bewegen.

Wenn Sie an eine Situation denken, in der Ihnen jemand nicht zugehört hat, sind bzw. waren Sie möglicherweise traurig, wütend oder verzweifelt, fühlten sich im Stich gelassen oder ungerecht behandelt. Es ist kein angenehmes Gefühl, wenn einem nicht zugehört wird. In der Geschäftswelt macht man diese Erfahrung allerdings tagtäglich.

Mangelndes Zuhören ruft oft Emotionen wach, und das wirkt sich nachteilig auf die Arbeit aus. Man verliert Zeit oder überlegt sich Möglichkeiten, es dem Betreffenden „heimzuzahlen". Das Ergebnis sind wirtschaftliche Verluste, die sich in der Bilanz in roter Tinte zeigen.

Eine Computerfirma kostete ein Produktionsausfall drei Millionen Dollar: Die Techniker und Architekten hatten es versäumt, einander richtig zuzuhören. Die Änderungen beim Bau der Fertigungshalle, die dadurch notwendig wurden, brauchten drei Monate, bis sie abgeschlossen waren. Zwei wichtige Gruppen und ihre Leiter hatten es völlig versäumt, sich in die anderen hineinzuversetzen und sie zu verstehen.

Fehler in der Aufmerksamkeit und beim Zuhören sind also nicht nur persönlich bedauerlich, sie können sich auch als sehr kostspielig erweisen.

Wer nicht zuhört, bringt damit zum Ausdruck, dass er sich nicht darum kümmert, was die andere Person sagt. Oft ist das von eindeutigem nonverbalen Verhalten begleitet, das ebenfalls mangelnde Aufmerksamkeit zu erkennen gibt. Hat jemand, der Ihnen nicht zuhörte, dies auch durch eine der folgenden Verhaltensweisen zum Ausdruck gebracht?

Schlechte Zuhörer, die sich nicht in die andere Person einfühlen,

1. neigen dazu, Gesprächspartner nicht anzusehen. Wer nicht hinsieht, nimmt den Menschen, der vor ihm steht, nicht zur Kenntnis.
2. nehmen oft eine Körperhaltung ein, die anzeigt, dass sie nicht zuhören. Vielleicht erinnern Sie sich an einen Chef, der, als er nicht zuhörte, die Arme fest verschränkt hielt, mit dem Fuß wippte oder sich von Ihnen abwandte.
3. haben manchmal eine barsche oder schnelle Sprechweise, die ihr Gegenüber abschreckt. Vielleicht können Sie sich an Vorgesetzte erinnern, die allein durch Verachtung oder Desinteresse in der Stimme vermittelt haben, dass sie das Gespräch langweilte.
4. tendieren dazu, das Gesprächsthema zu bestimmen und zu ignorieren, was die anderen sagen.

Ineffektive Zuhörer dieser Art sind leider recht häufig. Im Management können sie auch sehr teuer werden. Die Tatsache, dass sie nicht aufmerksam sind und sich nicht in die andere Person hineinversetzen, ist die Ursache für viele Fehler in Management, Verkauf und anderen Tätigkeitsfeldern, die damit zusammenhängen.

Effektive Aufmerksamkeit und Einfühlung

Sich einzufühlen bedeutet, dass man fähig ist, dem Gegenüber zuzuhören. Wenn wir Menschen beeinflussen oder führen wollen, müssen wir zuerst ihre Denkweise kennenlernen. Oben wurde angeführt, was Zuhören nicht ist. Die folgende Auflistung zeigt nun im Überblick, was notwendig ist, um sich wirkungsvoll einzufühlen und gut zuzuhören.

1. *Augenkontakt:* Wenn Sie mit einem anderen Menschen sprechen, schauen Sie ihn an. Die Augen sind nicht nur der Spiegel der Seele, sie zeigen dem anderen auch, dass wir ihn wahrnehmen.
2. *Körperhaltung:* In der westlichen Kultur vermitteln wir Aufmerksamkeit, indem wir dem anderen Menschen direkt oder in einem Winkel von neunzig Grad gegenüberstehen. Wir beugen uns leicht vor und zeigen damit an, dass wir zuhören. Manchmal lächeln wir auch dazu.
3. *Stimme und Sprechtempo:* Wenn wir anderen zuhören, kann es passieren, dass wir ihren Tonfall nachahmen oder übernehmen. Durch die Stimme vermitteln wir zum Beispiel Herzlichkeit, Interesse oder Autorität.
4. *Beim Thema bleiben:* Gute Zuhörer schenken ihrem Gegenüber Aufmerksamkeit – sei es ein Untergebener, ein Kollege oder Vorgesetzer, indem sie ihm oder ihr die Wahl des Gesprächsthemas überlassen.

Kurz gesagt bedeutet Aufmerksamkeit, sich selbst für eine bestimmte Zeit zugunsten des anderen zurückzunehmen.

Was Sie wollen bzw. brauchen, sind die Meinung, Idee oder Erklärung Ihres Gegenübers, bevor Sie entscheiden, wie vorgegangen werden soll.

Diese vier einfachen Verhaltensweisen können sich für Ihr Unternehmen in barer Münze auszahlen.

Sich einzufühlen und zuzuhören bedeutet, sich auf einen fremden Bezugsrahmen einzulassen. Das heißt nicht, dass Sie mit dem anderen Menschen und seinen Ansichten einverstanden sein müssen. Aber Sie haben eine Situation geschaffen, in der alle Beteiligten nur profitieren können. Sie wissen nun, wo Ihre Mitarbeiter oder Vorgesetzten stehen, und können Ihre Strategie diesen neuen Informationen anpassen. Es kann nie schaden zu wissen, was die andere Person denkt.

Falls Sie im Verkauf tätig sind, ist die Zeit, die Sie aufwenden, um den Bezugsrahmen des Kunden kennenzulernen, möglicherweise der nützlichste Teil des gesamten Verkaufsgesprächs. Ein pharmazeutisches Unternehmen, das Medikamente an Ärzte vertrieb, stellte fest, dass der Umsatz innerhalb von drei Monaten um 25 Prozent stieg, nachdem die Vertreter in den Grundlagen des Zuhörens geschult worden waren. Anstatt sofort mit Informationen über die neuen Medikamente zu kommen, stellten die Pharmareferenten den Ärzten zunächst folgende Frage: „Welche Schwierigkeiten haben Sie zur Zeit bei der Behandlung?" Dann richteten sie sich bei ihrer Präsentation nach den unmittelbaren Bedürfnissen des jeweiligen Arztes. Erst dann lieferten sie Informationen über das neue Produkt – und zwar mit großem Erfolg.

Das heißt, Einfühlung und Aufmerksamkeit sind ganz entscheidend, wenn man Menschen führen oder beeinflussen möchte. *Effektives Einfühlen ist die notwendige Vorstufe zu effektiver Führung.*

Im modernen Leben wird mehr geredet als zugehört. Gutes Verkaufspersonal im Neu- und Gebrauchtwarenhandel lernt allerdings schnell, auf die Bedürfnisse seiner Kunden zu achten. Wenn der betreffende Kunde vor allem am Sparen interessiert ist, sind Geschwindigkeit und Aussehen des Wagens weniger relevant. Dagegen kann ein geringer Kraftstoffverbrauch für ihn das entscheidende Kaufargument sein.

In der Führungsetage, im Verkauf und auch im Privatleben lohnt es sich, den Bezugsrahmen und die Ideen der anderen wahrzunehmen.

Aufmerksamkeit und ihre multikulturellen und persönlichen Implikationen

Was in der einen Management- oder Verkaufssituation Erfolg hat, kann in einer anderen versagen. Menschen sind verschieden. Ob Sie mit Ihrem eigenen Team zusammenarbeiten oder mit einem Verkäufer, der aus einem fremden Land oder einer anderen Kultur stammt – es ist immer wichtig, auf individuelle und kulturelle Unterschiede zu achten.

Betrachten Sie die folgende Übersicht. Darin zeigt sich, dass man nicht davon ausgehen kann, dass das Verhalten, das in der westlichen Welt von der Mittelschicht an den Tag gelegt wird, überall angemessen ist.

Aufmerksamkeitsverhalten	Davon abweichendes Verhalten anderer Kulturen
Augenkontakt	In vielen Mittelmeerländern gilt das Vermeiden von Augenkontakt als Zeichen von Respekt.

Aufmerksamkeits-verhalten	Davon abweichendes Verhalten anderer Kulturen
Körpersprache	In einigen afrikanischen Kulturen gilt es als aggressiv, sich beim Gespräch direkt gegenüber zu stehen. Im Nahen Osten halten Menschen manchmal beim Gespräch einen geringeren körperlichen Abstand, als es bei Europäern üblich ist.
Stimme und Sprech-geschwindigkeit	Spanier und Italiener sprechen oft besonders schnell. Amerikaner reden vielfach lauter als andere, Engländer wirken manchmal unbeabsichtigt arrogant.
Beim Thema bleiben	Amerikaner und Nordeuropäer neigen dazu, direkt zu sein, während Japaner und andere Asiaten subtiler vorgehen und einen Vertrag manchmal erst im letzten Moment abschließen.

Wenn Sie hier die Gemeinsamkeiten und Unterschiede betrachten, fällt Ihnen vermutlich auf, dass jede Kultur ihre eigene Art hat, Aufmerksamkeit zu zeigen. Zuweilen führen diese kulturellen Unterschiede zu Missverständnissen und Klischees, wie dem der „lauten Amerikaner", der „arroganten Engländer", der „aggressiven Deutschen" oder der „undurchschaubaren Japaner".

Keine dieser Kulturen muss deshalb tatsächlich laut, arrogant, aggressiv oder undurchschaubar sein. Was sich in der persönlichen oder beruflichen Situation tatsächlich abspielt, ist die Erfahrung unterschiedlicher Kommunikationsformen verschiedener Kulturen. Keine von ihnen ist unbedingt „richtig" oder „falsch". Allerdings unterscheiden sie sich, und diese Unterschiede gilt es zu beachten und zu respektieren, wenn man miteinander kommunizieren will.

Im internationalen Geschäftsleben kann man nur allzu leicht Motive und Verhaltensweisen missverstehen, deren kultureller Hintergrund ein anderer ist als der unsrige. In solchen Situationen ist es besonders wichtig zuzuhören, aufmerksam zu sein und sich in den anderen einzufühlen. Wir müssen kulturelle Klischees hinter uns lassen, wenn wir den wichtigen Abschluss tätigen wollen.

Auch Einzelpersonen werden in Klischees gepresst. Jede Kultur hat zwar ihre Normen, aber innerhalb der jeweiligen Kultur ist jeder Mensch einzigartig. Diese individuellen Unterschiede gilt es zu respektieren. So ist es zum Beispiel unangebracht, den Augenkontakt ständig aufrechtzuerhalten. Optimal ist ein gelegentlicher Augenkontakt, und bei einem Gespräch mit einem Mitarbeiter über ein schwieriges Thema ist es manchmal das beste, den direkten Augenkontakt zu vermeiden und die Körperhaltung, Stimme bzw. das Aufmerksamkeitsmuster zu verändern.

Woran können Sie merken, dass Sie Ihr Verhalten ändern sollten? – Seien Sie aufmerksam. Beobachten Sie die Reaktionen Ihrer Gesprächspartner. Verändern Sie Ihr Kommunikationsverhalten so, dass es mit dem Ihres Gegenübers in besserem Einklang ist.

Spiegeln, Einfühlen und Führen

Am wirkungsvollsten können Sie sich einfühlen und führen, wenn Sie das nonverbale Verhalten der Person, die Sie verstehen wollen, *spiegeln*. Nehmen Sie dazu einfach die Körperhaltung der anderen Person ein, übernehmen Sie ihre wichtigsten Bewegungen und verwenden Sie beim Sprechen ihre zentralen Begriffe.

Beim Spiegeln geht es darum, mit der anderen Person, die Sie verstehen wollen, *im Einklang* zu sein. Die Fertigkeit des Spiegelns kann Ihnen von Nutzen sein, wenn Sie einen Mitarbeiter, der schlecht gearbeitet oder bei einem Auftrag versagt hat, verstehen wollen oder wenn Ihnen Verhandlungen zu entgleiten drohen. Hilfreich ist es aber auch in jeder Situation, in der Sie herausfinden möchten, wo die andere Person „steht".

Stellen Sie sich vor, Sie befinden sich gerade in schwierigen Verhandlungen mit der Gewerkschaft. Ein bestimmter Gewerkschaftsführer ist für seine Fähigkeit bekannt, andere in Rage zu bringen. Sobald Sie die Kontrolle über Ihre Gefühle verlieren, sind Sie angreifbar. In einer solchen Situation gibt es drei wichtige Gründe, die dafür sprechen, das nonverbale Verhalten Ihres Kontrahenten zu spiegeln: Erstens können Sie in der geladenen Atmosphäre vorübergehend Distanz gewinnen, weil Sie gezwungen sind, sich auf den anderen zu konzentrieren, anstatt sich in Ihre Wut und Frustration hineinzusteigern.

Zweitens erlaubt Ihnen das Spiegeln, sich besser in die Position des anderen hineinzuversetzen. Sobald Sie sich beruhigen, gewinnen Sie den Überblick zurück.

Drittens bringen Menschen, die einander spiegeln, in der Regel mehr Verständnis und Mitgefühl füreinander auf. Achten Sie einmal auf Menschen, deren Kommunikation gut verläuft. Sie werden feststellen, dass es lange Phasen gibt, in denen sie das nonverbale Verhalten des anderen spiegeln. Dies gilt für Liebespaare ebenso wie für den Chef und seinen Protegé. Wenn Sie sich dem nonverbalen Verhalten Ihres Verhandlungspartners anpassen, können Sie damit rechnen, dass sich die Situation entschärft und dass das gegenseitige Verständnis zunimmt.

Überhaupt: Wenn Sie sich durch Spiegeln in Ihr Gegenüber hineinversetzen, gelangen Sie zu mehr Verständnis und zu einer besseren Beherrschung der Situation. Sie haben dadurch die Möglichkeit, das Gespräch zu lenken, schwierige Situationen zu meistern bzw. Produktentscheidungen souveräner zu treffen.

Übungen zur Aufmerksamkeit

Überlegungen, die in Büchern stehen, bleiben meist graue Theorie, wenn sie im täglichen Leben nicht umgesetzt werden. Die nun folgenden kleinen Übungen sollen Ihnen helfen, das, was hier zum Thema Aufmerksamkeit gesagt wurde, nicht nur zu verstehen, sondern auch zu nutzen.

1. *Seien Sie absichtlich unaufmerksam:* Bemühen Sie sich bei Ihrem nächsten Geschäftsessen bewusst darum, unaufmerksam zu sein. Wenn jemand ein Gespräch mit Ihnen anfängt, vermeiden Sie den Augenkontakt gezielt, nehmen Sie eine abweisende Körperstellung ein und wechseln Sie häufig das Thema. Anschließend ändern Sie Ihr Verhalten; hören Sie zu und setzen Sie jede der Aufmerksamkeitstechniken ein. Achten Sie auf den Unterschied. Am besten, Sie probieren diese Übung zuerst mit einem Freund oder einer Freundin aus, damit Sie sie dann im Ernstfall richtig einsetzen können.

2. *Widmen Sie einem schwierigen Kunden oder Untergebenen Aufmerksamkeit.* Fühlen Sie sich zunächst durch gezielte Aufmerksamkeitstechniken in die betreffende Person ein. Stellen Sie fest, was Sie über diesen Menschen erfahren können. Besonders wichtig ist es in dieser Phase, der anderen Person die Wahl des Gesprächsthemas zu überlassen. Sie müssen nicht unbedingt derselben Meinung sein. Vielleicht stellen Sie aber fest, dass Sie nun mehr Verständnis für sie haben, und künftig ist eine konstruktivere Zusammenarbeit möglich.

Wenn Sie den Eindruck haben, dass Sie sich in die Person
eingefühlt haben, seien Sie weiter aufmerksam, aber leiten
Sie nun das Gespräch, indem Sie das Thema bestimmen
und von *Ihren* Ideen und Ansichten reden. Wenn nötig, gehen Sie wieder dazu über, sich in Ihren Gesprächpartner
hineinzuversetzen und überlassen Sie ihm das Reden, bestimmen Sie jedoch weiterhin das Thema. Bei dieser Koppe-
lung von Aufmerksamkeit und Führung nehmen Sie gele-
gentlich Augenkontakt auf und behalten Sie eine offene
Körperhaltung und eine freundliche, entspannte Sprechweise bei.

Die Meisterung dieser Übung ist der Schlüssel dafür, wie
man zwischenmenschliche Begegnungen lenkt und erfolgreich bewältigt, sei es ein kurzes Gespräch mit einem aus-
sichtsreichen Kunden oder eine langwierige Planungssitzung mit Ihrem Team.

3. *Spiegeln Sie das nonverbale Verhalten anderer Menschen.*
   Am besten versuchen Sie es zuerst mit guten Freunden,
   Kollegen oder auch mit einem Familienmitglied. Eröffnen
   Sie das Gespräch und setzen Sie Aufmerksamkeitstechni-
   ken ein, um Ihren Partner aus der Reserve zu locken.
   Wenn Ihr Gegenüber ins Reden gekommen ist, spiegeln
   Sie seine Körperhaltung und Gestik. Sie werden feststel-
   len, dass es einige Übung erfordert, bis dies ohne weiteres
   funktioniert.

Wenn sich dann gezeigt hat, dass Sie das Verhalten einer
anderen Person gut spiegeln können, gehen Sie zur Führung
über. Stellen Sie fest, ob es Ihnen gelingt, Ihren Gesprächspartner dazu zu bringen, sein nonverbales Verhalten an das
Ihre anzupassen.

3. *Fragen: Eröffnung der Kommunikation*

Talentierte Führungskräfte wissen, wie sie schnell an präzise Informationen kommen, und in der Regel sind sie sehr geschickt im Stellen von Fragen. Wenn Sie Ihre Fragen allerdings nicht sorgfältig formulieren, kann der Gefragte sich denken, was Sie als Antwort hören wollen, und erwidert entsprechend. Wenn Menschen Ihnen das sagen, was Sie hören wollen, erfahren Sie allerdings nicht viel Neues.

SOKRATES gilt als einer der besten Frager in der Geschichte der Menschheit. Seine Fragetechnik zielte darauf ab, Wissen zutage zu fördern, von dem angenommen wurde, dass es in der anderen Person bereits vorhanden war. In seinem berühmten Dialog mit einem jungen Sklaven macht es sich SOKRATES zur Aufgabe zu beweisen, dass der Knabe das Wissen über eine komplexe geometrische Theorie in sich habe.

Aber hat SOKRATES wirklich die Informationen aus dem jungen Sklaven herausgeholt? Oder hat er ihm nicht vielmehr sein eigenes Wissen durch systematisches Fragen mitgeteilt? Betrachten wir die folgenden Ausschnitte des Gesprächs:

Sokrates:	Gibt es also ein Viereck, welches alle diese Seiten, deren vier sind, gleich hat?
Knabe:	Allerdings.
Sokrates:	Hat es nicht auch diese beiden, welche durch die Mitte hindurchgehen, gleich?
Knabe:	Ja.
...	
Sokrates:	Und werden nicht dieses vier gleiche Linien, welche dieses Viereck einschließen?
Knabe:	Allerdings.
Sokrates:	So betrachte nun, wie groß wohl dieses Viereck ist?
Knabe:	Das verstehe ich nicht.
Sokrates:	Hat nicht von diesen vieren von je einem jede Seite die Hälfte nach innen zu abgeschnitten? Oder nicht?
Knabe:	Ja.
Sokrates:	Wieviel solche sind nun in diesem?
Knabe:	Vier.
Sokrates:	Wieviel aber in diesem?

Knabe:	Zwei.
Sokrates:	Vier aber ist von zwei was doch?
Knabe:	Das Zweifache.
Sokrates:	Wievielfüßig ist also dieses?
Knabe:	Achtfüßig.

(PLATON, MENON, Kap. 16 und 19.)

Sokrates, geschlossene Fragen und wie man einen Zeugen lenkt

Hatte der junge Sklave das Wissen tatsächlich in sich oder waren es SOKRATES' Leitfragen, die ihn zur Lösung des mathematischen Problems führten? Erhält man neue Informationen, wenn man Fragen nach Art des SOKRATES stellt?

Wenn man lenkende Fragen gut einsetzt, kann man dem Gesprächspartner sehr leicht die eigenen Ideen eingeben. Sie brauchen den Zeugen nur durch eine Kette von Fragen zu lenken, die Ihre eigenen Schlussfolgerungen bestätigen.

Fragen sind ohne Zweifel eine gute Möglichkeit, andere zu führen. Es empfiehlt sich, wie SOKRATES oder ein geschickter Rechtsanwalt vorzugehen, um schnell und effektiv an bestimmte Fakten zu kommen, die man haben möchte. Mit Hilfe solcher strukturierten, geschlossenen Fragen können Sie Zeit sparen und Ihre Gedanken an andere vermitteln.

Geschlossene Fragen sind meist lenkende Fragen; sie lassen sich mit einigen wenigen Worten beantworten, oft mit einem schlichten „Ja" oder „Nein". Bei geschlossenen Fragen gibt es meist „richtige" und „falsche" Antworten – und welche das jeweils sind, bestimmt derjenige, der die Fragen stellt.

Wie SOKRATES möchte auch der geschickte Anwalt im Prozess, dass die Zeugen die erwarteten Antworten liefern. Beim effektiven Gebrauch geschlossener Fragen bleibt die Führung und Beherrschung der Situation beim Fragenden, und es ist sichergestellt, dass keine anderweitigen Angaben das Bild trüben.

Bei SOKRATES und der geschlossenen Fragetechnik bei Gericht ist es natürlich so, dass die Antwort bereits bekannt ist. Man braucht nur noch einen Papagei, der die vorgefertigten Antworten liefert.

Wenn man als Führungskraft allzu viele geschlossene Fragen stellt, besteht die Gefahr, dass man „Ja-Sager" produziert – Untergebene und Kollegen, die nur das antworten, was man hören will. Die von uns erhoffte Antwort ist jedoch vielleicht zu beschränkt, oder sie geht an der Sache vorbei. Eine unserer Aufgaben als Führungskräfte ist es, möglichst viele Informationen zu bekommen, damit die Komplexität der Situation besser erfasst und das, was unsere Kollegen und Untergebenen an Lösungen beizutragen haben, berücksichtigt werden kann.

Bevor wir das Problem lösen können, müssen wir allerdings erst wissen, was das Problem ist! Es nützt nichts, das falsche Problem zu lösen. Möglicherweise ist ein bisschen Einfühlung angebracht, um einen Ausgleich für die lenkenden Fragen zu bieten.

Offene Fragen – Fragen, die den Standpunkt des anderen zutage fördern

Erfahrene Manager wissen, dass man zur Lösung eines Problems und zur Entscheidungsfindung möglichst viele Informationen braucht. Instinktiv suchen sie nach Fakten und unterschiedlichen Standpunkten.

Mit Hilfe von Aufmerksamkeitstechniken bemühen sie sich, drei wichtige Dinge über das anstehende Problem herauszufinden:

1. Was sind die *Fakten?*
2. Welche *Emotionen* wecken die Fakten bei den relevanten Personen?
3. Wie sind die Fakten und Emotionen *organisiert?*

Führungskräfte brauchen die Fakten, so wie sie von Kollegen definiert und diskutiert werden. Natürlich haben sie auch eine eigene Vorstellung von den Fakten; genauso wichtig ist es jedoch zu wissen, wie andere die Situation sehen. Deren Ansichten, ob nun richtig oder falsch, vertiefen das Verständnis des Problems.

Sind die Ansichten der anderen Person in Bezug auf die Fakten korrekt, kann die Führungskraft ihre Meinung ändern. Hat der andere dagegen Unrecht oder etwas übersehen, kann sie die Führung übernehmen und die fehlenden Informationen nachliefern. In jedem Fall ist es sehr wichtig, die Meinungen und die Fähigkeiten der anderen zu kennen.

Im Deutschen beginnen offene Fragen, die die wesentlichen Fakten zutage fördern, mit dem Wort „Was". Zum Beispiel: „*Was* ist passiert?", „*Was* meinen Sie dazu?", „*Was* genau war es, das den Druckerstau hervorgerufen hat?", „*Was* wollte Ihr Kollege wohl damit bewirken, dass er einen zusätzlichen Mitarbeiter eingestellt hat?"

Aber genau so wichtig ist es zu wissen, wie Mitarbeiter gefühlsmäßig zu einer Sache stehen. Ihre Emotionen, Bewertungen und der Grad ihrer Beteiligung an einem Problem kann meist durch „Wie"-Fragen ermittelt werden. Zum Beispiel: „*Wie* geht es Ihnen damit, dass Ihr Kollege entlassen worden ist?" oder: „*Wie* stehen Sie zum Preisverfall auf dem Gütermarkt?" Solche Fragen führen dazu, dass man über die gefühlsmäßige Dimension, die die Situation für den anderen hat, spricht. Auf dieser Grundlage werden Sie auch in etwa abschätzen können, ob der andere an der Sache dranbleiben und konkrete Schritte unternehmen wird oder nicht.

Warum sich für Gefühle interessieren?

Gefühle führen oft zu Taten. Warum sich für Gefühle interessieren? Gefühle und Emotionen stellen Wertaussagen Ihrer Kollegen, Untergebenen und Vorgesetzten dar. Wenn der Umsatz sinkt, dies aber dem Verkäufer, mit dem Sie sprechen, kein Problem, sondern gleichgültig ist, dann muss die Angelegenheit womöglich auf der Gefühls- und nicht auf der Sachebene bereinigt werden. Die Bedeutung, die ein Mitarbeiter einem Problem beimisst, lässt sich aus seiner emotionalen Beteiligung ableiten.

„Das ist mir egal" oder „Das macht doch nichts" sind wichtige Gefühlsstandpunkte, die von vielen, mit denen Sie zusammenarbeiten, eingenommen werden. Aber: Ohne emotionales Engagement keine produktiven Mitarbeiter und keine Qualitätsprodukte.

Fakten und Gefühle ordnen

Fakten und die Haltung der Mitarbeiter zu diesen Fakten sind ein entscheidendes Element der Entscheidungsfindung auf der Führungsebene. Eine Möglichkeit, schnell an diese Informationen zu kommen, bieten offene Fragen wie die Folgenden:

Als Reaktion auf ein Problem in der Montage:

- Würden Sie mir bitte in eigenen Worten sagen, was passiert ist?
- Was hat der Vorarbeiter dann getan?
- Was haben Sie gemacht?
- Was halten Sie von der Situation?
- Wie, glauben Sie, steht der Vorarbeiter dazu?
- Wie haben Sie sich gefühlt, als er das sagte?

Durch den Gebrauch von offenen „Was"- und „Wie"-Fragen erhalten Sie ein umfassendes Bild davon, wie die Situation von anderen gesehen wird.

Indem Sie die anderen befragen und dies durch Ihr eigenes Wissen ergänzen, gelangen Sie zu einer *systematischen Anordnung* des Problems. Es ist das Strukturieren der Gedanken der anderen, das so wichtig ist, bevor man sich an einer Lösung versucht. Allzu oft geht man an die Klärung der Angelegenheit, ohne die Fakten und die Gefühle der Beteiligten systematisch erfasst zu haben. In den nächsten Kapiteln soll behandelt werden, wie wichtig es ist, durch sorgfältige Einfühlung allmählich ein umfassendes Verständnis für das Problem herauszubilden.

Auch *Gründe* können von Bedeutung sein, wenn es um Entscheidungen geht, und diese erfährt man mit Hilfe der klassischen „Warum"-Frage. Wenn wir nach dem „Warum" fragen, veranlasst dies unsere Gesprächspartner, in der näheren und weiteren Vergangenheit nach Erklärungen zu forschen. Daher sollten „Warum"-Fragen sparsam verwendet werden.

Es kommt hinzu, dass die meisten von uns bei Eltern oder anderen Autoritätspersonen aufgewachsen sind, deren häufige Frage war: „*Warum* hast Du das gemacht?" Daher würden uns viele Kollegen und Untergebenen unbewusst in unangenehmer Weise mit ihren Eltern und anderen Kontrollinstanzen ihrer Kindheit assoziieren, wenn wir viele „Warum"-Fragen stellen.

Fragen, die Ergebnisse liefern

Wirkames Nachfragen liefert das Material, mit dem komplexe Situationen verstanden und gute Entscheidungen getroffen werden können. Wir können SOKRATES nachahmen, geschlossene Fragen stellen und glauben, wir hätten alle wertvollen Ansichten und Antworten erhalten. Oder wir können einen umfassenderen Bezugsrahmen suchen und die Entscheidung erst dann treffen, wenn wir Folgendes haben:

1. Ausreichende Sachinformationen;
2. ein umfassendes Verständnis dafür, was die relevanten Personen von den Fakten halten;
3. Kenntnis der Gründe bzw. zugrunde liegenden Überlegungen (in Maßen);
4. ein umfassendes und systematisches Verständnis der Hauptpunkte.

Sie werden feststellen, dass geschlossene Fragen nicht immer schlecht sind. Wie SOKRATES verfügen Sie über Informationen und Fachwissen. Manchmal müssen Sie bestimmte Fakten schnell erfahren können, um Entscheidungen zu treffen. Da können geschlossene Fragen helfen, die benötigten Daten zu bekommen; außerdem bieten sie die Möglichkeit, das, was Sie durch offene Fragen erfahren haben, zu ergänzen oder zu klären. Es bietet sich daher an, offene und geschlossene Fragen in einem ausgewogenen Verhältnis zu verwenden.

Übungen zum Thema Fragen

Vom Prinzip der offenen und geschlossenen Frage und ihren jeweiligen Möglichkeiten werden Sie am meisten profitieren, wenn Sie sie in der Praxis anwenden. Sie sollten dabei vor allem lernen, die Fakten, die Gefühle, die an die Fakten geknüpft werden, die Struktur des Problems und – falls nötig oder nützlich – die Gründe zu erfahren.

Die folgende Zusammenfassung soll Ihnen dabei helfen:

Geschlossene Fragen beginnen meist mit „Ist", „Sind" oder dergleichen und erfordern eine bestimmte Antwort, meist ein kurzes „Ja" oder „Nein".

Offene Fragen geben der anderen Person Gelegenheit, so zu antworten, dass Sie ihre Gedanken und ihren Bezugsrahmen kennenlernen.

Schlüsselbegriffe für offene Fragen sind zum Beispiel:

- Das Wort „Was". Es fördert in der Regel Sachinformationen zutage.
- Das Wort „können" leitet in diesem Zusammenhang die offensten Fragen ein. Zum Beispiel: „Könnten Sie mir in eigenen Worten berichten, was geschehen ist?" oder: „Könntest Du mir mehr darüber sagen?"
- „Wie" führt meist zu einer Erörterung von Gefühlen. „Wie fühlen Sie sich dabei?"
- „Warum" bringt Gründe zum Vorschein.

1. *Das Üben einzelner Fragen.* Suchen Sie sich einen Freund, einen Kollegen oder ein Familienmitglied und stellen Sie nacheinander die verschiedenen Fragen. Versuchen Sie es mit einer Reihe von geschlossenen Fragen und achten Sie auf das Resultat. Danach stellen Sie einige „Was"-Fragen und sehen Sie, ob Sie Fakten bekommen. Testen Sie die Wirkung von „Wie fühlen Sie sich?" und „Was halten Sie davon?" Kommen dadurch Gefühle zum Vorschein, die Ihnen helfen, die zugrunde liegende Wertestruktur und die Emotionen der Person in Bezug auf die Angelegenheit besser zu verstehen? Achten Sie auch darauf, was geschieht, wenn Sie „Warum"-Fragen stellen. Resultiert diese Art von Frage möglicherweise in einer defensiven Haltung oder einem Zögern von Seiten der anderen Person?

2. *Wenden Sie die Fragetechnik auf echte Probleme an.* Sobald Sie gemerkt haben, wie hochspezifisch die Antworten auf Ihre Fragen sind, wenden Sie Ihr Können in der Praxis an. Finden Sie die Fakten, Gefühle, Gründe heraus – und achten Sie dann auf die Struktur des Problems, der Verkaufschance oder der Entscheidung, die Sie zu treffen haben.

Rückmeldung und die Grundsequenz des Zuhörens: Betreten Sie die Welt des anderen

Es ist das Jahr 1939. Der Forscher Harrisson nahm zwei weibliche Tauben und sperrte diese in getrennte Käfige. Die Vögel konnten einander nicht sehen, aber einander hören und riechen. Sie gurrten und schlugen mit den Flügeln. Harrisson hatte sie vorher untersucht und herausgefunden, dass kein Eisprung stattgefunden hatte. Nach der Untersuchung brachte er sie wieder in getrennten Käfigen unter, aber diesmal wurden die Käfige durch Glasscheiben voneinander getrennt. Die Tauben konnten einander jetzt sehen und aufeinander reagieren. Sie begannen mit Balzverhalten, und Harrisson stellte nach zwei Monaten fest, dass ein Eisprung stattgefunden hatte. Er wiederholte das Experiment, diesmal aber mit einer männlichen und einer weiblichen Taube. Diesmal fand die Ovulation bereits nach zwölf Tagen statt. (Also immer dieselbe Moral von der Geschicht'.)

CLÉMENT, 1983, S. 85–86.

Der Kommentar des Philosophen BERKELEY dazu: „Zu sein bedeutet, wahrgenommen zu werden." Sehen und gesehen werden ist auch für Menschen wichtig.

Als erfolgreiche Führungskraft muss man die Gedankenwelt anderer Menschen betreten und ihnen das, was man verstanden hat, zurückmelden. Die Quintessenz wirkungsvoller Einfühlung besteht darin, Untergebenen, Vorgesetzten und Kontrahenten zu vermitteln, dass man ihren Standpunkt wahrgenmmen hat und sie als Person anerkennt.

Das vorliegende Kapitel skizziert vier wichtige Fertigkeiten, die dies ermöglichen: Ermutigen, Paraphrasieren, Gefühle widerspiegeln und Zusammenfassen. Gekoppelt mit wirksamen Fragen bilden sie eine Checkliste, die Ihnen garantiert, dass Sie zur Kenntnis genommen und zurückgemeldet haben, was andere Menschen Ihnen gesagt haben.

Ermutigen

Die einfachen Dinge sind oft die wirksamsten. Menschen teilen ihre Gedanken mit, wenn sie dazu ermutigt werden. Sie können jemanden dazu ermutigen zu reden, indem Sie schweigen. Oder Sie können ein gutes verbales und nonverbales Aufmerksamkeitsverhalten zeigen und Interesse dafür bekunden, was der andere sagt.

Mit dem Kopf zu nicken ist eine weitere gute Art, zum Reden zu ermutigen. Offene Handflächen signalisieren, dass Sie bereit sind zu hören, was der andere Mensch zu sagen hat. Ein Lächeln vermittelt Herzlichkeit und hilft Menschen, ein Gespräch zu beginnen.

Eine weitere Art der Ermutigung ist die Neuformulierung bzw. die direkte Wiederholung *des wichtigsten Wortes* bzw. *der wichtigsten Wörter,* die Ihr Gesprächspartner verwendet hat. Diese Technik hört sich so einfach an, dass man ihre Wirkung leicht unterschätzt. Untersuchungen haben jedoch ergeben, dass sie bei erfolgreichen Kommunikatoren eine zentrale Rolle spielt.

Den Gesprächspartner zum Reden zu ermutigen, indem man seine Worte aufgreift, ist natürlich eine Einfühlungstechnik; gleichzeitig ist es jedoch auch ein sehr wirksames Führungsprinzip, da es den anderen geradezu zwingt, bei einem Gedanken, der ihm wichtig ist, weiter ins Detail zu gehen.

Nehmen wir an, Sie hätten ein Gespräch mit Frau Saar zu führen, einer Sekretärin, die in letzter Zeit mehrmals zu spät zur Arbeit gekommen ist. Bis vor kurzem war ihr Verhalten noch tadellos. Mit dem Wissen um Aufmerksamkeitsverhalten und offene Fragen versuchen Sie, sich in sie einzufühlen und zu verstehen, was zur Zeit in ihrem Leben vor sich geht, bevor Sie zu disziplinarischen Maßnahmen greifen.

Sie: Frau Saar, würden Sie mir bitte sagen, was dazu geführt hat, dass Sie heute zu spät zur Arbeit gekommen sind?

Schlüsselworte heraushören und diese für die nächste Fragestellung aufgreife z. B. Fr. Saar (Gerhards/Stein)

Frau Saar: Also ... (Pause) ... Es war viel Verkehr. ... Ich hätte wohl früher losfahren sollen. Es wird nicht wieder vorkommen.

Sie: Früher losfahren?

Frau Saar: Also ... (Pause) ... Ich hätte die Kinder wohl früher wecken sollen. Es ist schwer, das alles zu schaffen.

Sie: Schwer?

Frau Saar: Also gut. (Pause) ... Ich wollte es Ihnen noch nicht sagen, aber ich muss wohl. (Tränen) ... Mein Mann hat mich verlassen, und es war in letzter Zeit sehr schwer.

Bei jeder Ihrer Erwiderungen haben Sie einfach die Schlüsselworte von Frau Saar herausgesucht und sie in einem fragenden Ton an sie zurückgerichtet. Damit haben Sie sich erstens in ihr Denkmuster eingefühlt und sie zweitens dazu gebracht, ausführlicher über die Angelegenheit zu reden.

Jeder, mit dem Sie zusammenarbeiten, sagt Ihnen im Grunde immer wieder, was für ihn das Wichtigste ist. Wenn Sie Schlüsselbegriffe Ihrer Gesprächspartner in einem freundlichen, fragenden Tonfall zurückgeben, können Sie mit einem geringen Aufwand eine Menge an Informationen bekommen. Durch solche Ermutigungen erfahren Sie manchmal mehr, als Sie eigentlich hören wollten. In solchen Fällen brauchen Sie zusätzliche Zuhörtechniken, um die Situation unter Kontrolle zu behalten.

Paraphrasieren – *wiederholen*

Durch Aufmerksamkeit (möglicherweise ergänzt durch non- *NLP* verbales Spiegeln), offene Fragen und Ermutigungen haben wir nun schon einiges über das aktuelle Arbeitsproblem von Frau Saar gehört. Die Paraphrase geht den Fakten nach, um sicherzustellen, dass man das Gehörte richtig verstanden hat.

Menschen haben es gern, wenn sie merken, dass ihnen zugehört wird. Insbesondere freut es sie zu wissen, dass sie
richtig verstanden worden sind und dass ihre Gedanken
nicht verfälscht worden sind.

Viele erfolgreiche Manager paraphrasieren den Kern dessen, was Untergebene ihnen gesagt haben, um sicherzustellen, dass sie es richtig wahrgenommen haben.

Bei der Paraphrasierung geben Sie die wichtigsten Punkte, die
genannt worden sind, wieder, meist in etwas gekürzter und
systematisierter Form. Wirksames Paraphrasieren basiert auf
der Ermutigung, greift die Schlüsselbegriffe der anderen Person auf und überprüft die Korrektheit des Gehörten.

Beachten Sie die folgende Paraphrasierung, die Sie bei
Ihrem Gespräch mit Frau Saar verwenden könnten. Dieser
folgt eine weitere Ermutigung und eine weitere Paraphrase.
Achten Sie darauf, wie die Paraphrasen genau herausfiltern,
was Ihre Gesprächspartnerin gesagt hat.

Frau Saar: Also gut. (Pause) ... Ich wollte es Ihnen noch
nicht sagen, aber ich muss wohl. (Tränen) ...
Mein Mann hat mich verlassen, und es war in
letzter Zeit sehr schwer.

Sie: Ja, es war *schwer* für Sie, bei all dem, was passiert ist.

Frau Saar: (beruhigt sich) ... Ich will versuchen, ... Ich werde mir Mühe geben; ich muss rechtzeitig zur Ar-
beit kommen. Vielleicht sollte ich um Gleitzeit
bitten.

Sie: Gleitzeit?

Frau Saar: Ja, ich kenne Sekretärinnen, die das haben.
Allerdings ist mir klar, dass man in diesem Büro
früh anfangen muss.

Sie: Ich merke, Sie bemühen sich, die Situation wieder in Ordnung bringen, und wollen in Zu-

kunft wieder pünktlich sein. Es scheint Ihnen klar zu sein, dass Gleitzeit hier nicht die Lösung ist. Welche anderen Möglichkeiten fallen Ihnen ein?

Wie Sie hier erkennen können, erfährt man durch den Gebrauch von offenen Fragen, Ermutigungen und Paraphrasen, wie Frau Saar denkt. Herauszufinden wie der andere Mensch denkt, ist es, worum es bei der Einfühlung geht. Solange Sie die Gedanken Ihres Gesprächspartners zu dem Problem noch nicht kennen und nicht wissen, wie er es lösen will, fehlen Ihnen noch entscheidende Informationen.

Mit der Einfühlung, die durch gute Fragen, Ermutigungen und Paraphrasen zustande kommt, können Sie die Schlüsselgedanken Ihres Gegenübers erfassen. Diese Techniken eignen sich sowohl für den Verkauf (um zentrale Überlegungen Ihrer Kunden nachzuvollziehen) als auch für Verhandlungen (um herauszufinden, bei welchen Punkten es am leichtesten zu einer Einigung kommen wird) sowie bei der Leistungsbeurteilung (eine solche Beurteilung ist erst sinnvoll, wenn Sie wissen, wie der betreffende Mitarbeiter seine Leistung selbst einschätzt).

In allen oben genannten Fällen ermöglicht Ihnen das Einfühlen, den Standpunkt Ihres Gegenübers zu spiegeln. Sind Sie der gleichen Meinung, ist das Problem gelöst. Ist dies nicht der Fall, sind Sie sich der Überlegungen der anderen Person nun immerhin bewusst und damit besser in der Lage, auf Ihre Position hinzulenken und sie wirksam zu verkaufen.

Aber Frau Saar war bei diesem Gespräch doch sehr emotional. Wie geht man mit ihren Tränen um? Oder sollte man sie lieber ignorieren?

Gefühle widerspiegeln:
Sich bei der Sitzung in Emotionen einfühlen

Gefühle sind im Arbeitsleben ein Störfaktor. Oft sagen wir:
„Ich will nur die Fakten." Wenn sich die Sekretärin doch
nur auf ihre Arbeit und die Lösung des Problems konzentrieren würde!

Es wäre auch einfacher, wenn sich der Verkaufsleiter nicht
immer so aufregen und seine Wut dann an den Vertretern
auslassen würde. Und es wäre hilfreich, wenn der Buchhalter
im Einkauf nicht darauf bestehen würde, alles genau nach
Vorschrift zu machen, so dass man manchmal den Eindruck
bekommt, das Unternehmen gehöre ihm. Und wenn nur der
neue Ingenieur nicht so gut aussehen würde – er bringt noch
die ganze Konstruktionsabteilung durcheinander.

Gefühle widerzuspiegeln hat in Managerkreisen oft einen
schlechten Ruf, da es mit Therapie und Lebensberatung in
Verbindung gebracht wird und eine schwierige Situation
manchmal komplizierter machen kann, als einem lieb ist.

Viele erfolgreiche Führungskräfte fühlen sich jedoch in
Emotionen anderer Menschen ein und können Sitzungen
dadurch noch effektiver leiten. Das Geheimnis, Gefühle gekonnt widerzuspiegeln, besteht darin, die Gefühle zur
Kenntnis zu nehmen. Gefühle als solche anzuerkennen ist
ein guter Einstieg, da es bedeutet, sich in den Gefühlszustand des anderen hineinzuversetzen, ohne sich jedoch allzu
sehr darin zu verwickeln und ohne den anderen Menschen
dazu bringen, sein ganzes Seelenleben zu offenbaren.

Wenn Sie das nächste Mal in einem Restaurant eine Bedienung sehen, die sehr beschäftigt ist, versuchen Sie einmal,
ihr zu zeigen, dass Sie ihre Gefühle wahrnehmen:

„Sie scheinen gerade ziemlich *im Stress* zu sein."
„All diese Hektik ist sicher *anstrengend.*"
(Falls Sie einen heftigen Wortwechsel am Nebentisch
verfolgt haben:) „So jemanden zu bedienen, muss
recht ärgerlich sein."

Sie werden überrascht sein, wie sich die Laune der Bedienung
daraufhin oft hebt und Sie von ihr nun als Person wahrgenommen – und möglicherweise auch besser bedient – werden.

Gefühle anderer zur Kenntnis zu nehmen, besteht darin, das
wahrgenommene Gefühl zu benennen und es dem anderen
in Form einer kurzen Paraphrase widerzuspiegeln. Wenn Sie
die Sache nicht weiter vertiefen wollen, vermeiden Sie den
Augenkontakt vorübergehend oder platzieren Sie Ihre Hän-
de so, dass die Handflächen nach unten zeigen. Sie werden
feststellen, dass diese Zurkenntnisnahme die Emotionen an
ihren Platz rückt und sie unter Kontrolle bringt.

Wenn Sie sich dafür entscheiden, die Emotionen weiter her-
vorkommen zu lassen und sich auf sie einzulassen, gehen Sie
in derselbe Weise vor, nur halten Sie nun den Augenkontakt
aufrecht, zeigen Sie Aufmerksamkeit und signalisieren Sie
Ihr Interesse und Ihre Bereitschaft, mehr zu hören.

Um auf die Sekretärin im obigen Beispiel zurückzukom-
men: Sie haben mindestens zwei Optionen, wenn Sie sich
dafür entscheiden, auf ihre Gefühle einzugehen. Welche im
betreffenden Fall die richtige ist, hängt von der zur Verfügung stehenden Zeit, von Ihren Fertigkeiten und von Ihrem
Interesse ab.

Frau Saar: Also gut. (Pause) ... Ich wollte es Ihnen noch
             nicht sagen, aber ich muss wohl. (Tränen) ...
             Mein Mann hat mich verlassen, und es war in
             letzter Zeit sehr schwer.

Sie: (Kurzes Anerkennen der Gefühle:) Das muss zur Zeit *wirklich hart* für Sie sein – Sie haben es schwer.

Sie: (Spiegeln der Gefühle mit der Absicht, sich weiter auf die Emotionen einzulassen:) Sie scheinen *ganz schön durcheinander* zu sein. Ich höre Ihnen gern weiter zu.

Welches von beiden ist eher Ihr Stil? In den meisten Führungssituationen geht es nicht um Lebensberatung, daher wäre ein kurzes Anerkennen der Gefühle wohl angemessener. Es gibt vielleicht aber auch Zeiten, in denen Sie gründlicher auf Gefühle eingehen und zuhören möchten, besonders wenn Untergebene völlig aufgelöst sind. Meist ist es dann nicht besonders sinnvoll, mit der Arbeit weiterzumachen, bevor die Betreffenden mit ihren Gefühlen zurechtgekommen sind.

Es gibt jedoch nicht nur negative Emotionen. Es zahlt sich auch aus, Gefühle zur Kenntnis zu nehmen und widerzuspiegeln, wenn es gerade gut läuft. Probieren Sie zum Beispiel Folgendes als Antwort auf gute Leistungen:

„Herr Gerhard, Sie sind bestimmt sehr froh, dass der Umsatz gestiegen ist."
„Frau Macher, Sie können auf Ihre Leistung stolz sein. Die Verkaufspräsentation ist gut gelaufen."

Eine der besten Arten, eine gelungene Leistung anzuerkennen und zu belohnen, besteht darin, anzuerkennen, dass ein Mensch das Recht darauf hat, sich gut zu fühlen.

Menschen, die sich gut fühlen, arbeiten effektiver. Sie können damit rechnen, dass sie sich weiter um Streicheleinheiten von Ihnen bemühen werden. Den besten Gebrauch, den Sie von dieser Fertigkeit machen können, ist es, Positives herauszustellen.

Die Zusammenfassung: Systematisieren Sie Ihre Wahrnehmungen

Ist es Ihnen schon passiert, dass Sie von Vorgesetzten oder Kollegen mit einem langen, wirren Monolog konfrontiert worden sind? Manchmal bekommen wir in einer Äußerung mehr Informationen, als wir brauchen können. Manchen Menschen braucht man nicht einmal Fragen stellen, ermutigen, ihre Äußerungen paraphrasieren oder ihre Gefühle anerkennen. Sie setzen ihren Monolog manchmal selbst dann fort, wenn wir nur minimale Aufmerksamkeit signalisieren.

Eine Möglichkeit, mit langen oder wirren Äußerungen umzugehen, besteht darin, die Äußerungen der anderen Person kurz und knapp zusammenzufassen. Die Zusammenfassung ähnelt der Paraphrase; es bestehen allerdings zwei wichtige Unterschiede:

1. Die Zusammenfassung deckt einen längeren Zeitraum ab und ist der direkte Versuch, die wichtigsten Gedanken des anderen zusammenzufassen.
2. Die Zusammenfassung soll ein Zeichen setzen. Sie vermittelt der anderen Person: „Ich höre, was du sagst, und du sagst offenbar Folgendes: ...“

Während die Zusammenfassung eine Art Einfühlung in den anderen Menschen ist, die anzeigt, dass man gehört hat, was er gesagt hat, ist sie gleichzeitig eine gute Möglichkeit, das Gespräch zu lenken und dafür zu sorgen, dass es zu keinen unnötigen Wiederholungen kommt.

Es könnte zum Beispiel passieren, dass die Sekretärin, Frau Saar, ihre Geschichte im Gespräch mit Ihnen ausführlicher erzählt, als es angesichts der zur Verfügung stehenden Zeit und Ihrem Interesse an dem Problem angebracht ist. Mit einer Zusammenfassung zeigen Sie Interesse und Respekt für das, was Frau Saar Ihnen erzählt, und gleichzeitig erlangen

Sie die Kontrolle über die Sitzung wieder, zum Beispiel in der folgenden Weise:

Sie: Frau Saar, ich merke, dass es für Sie *schwer* sein muss, dass Ihr Mann gegangen ist. *Es wird Ihnen alles zuviel.* Gleichzeitig sehe ich, dass Sie rechtzeitig zur Arbeit kommen möchten und dass Gleitzeit in diesem Büro nicht möglich ist. Lassen Sie uns gemeinsam nach Alternativen suchen.

Hier beginnt Ihre Zusammenfassung mit einem Anerkennen ihrer Gefühle. Sie greifen viele Begriffe und Gedanken der Mitarbeiterin auf. Bei der Zusammenfassung wird allerdings darüber hinaus eine Auswahl getroffen, und die Dinge werden in eine Form gebracht, die zur Lösung des Problems führen und Frau Saar davon abhalten wird, ihr Problem weiter auszuführen.

In ähnlicher Weise können Sie bei Kollegen oder selbst bei Vorgesetzten, die zu langen Reden mit vielen Wiederholungen neigen, die Schlüsselinformationen zusammenfassen, die sie gegeben haben, und ihre wichtigsten Gefühle verbal zur Kenntnis nehmen. Eine solche Zusammenfassung zeigt dem Kollegen bzw. Vorgesetzten, dass er von Ihnen respektiert wird, dass Sie ihm zugehört haben und dass Sie nun bereit sind, zur nächsten Phase des Gesprächs, der Sitzung oder Problemlösung überzugehen.

Das heißt, die Zusammenfassung ist eine Spiegelungstechnik, die Einfühlung und Führung zulässt. Sie ist eine äußerst nützliche Möglichkeit, komplizierte Diskussionen, Verhandlungen oder Verkaufssituationen zu leiten und zu strukturieren.

Die Grundsequenz des Zuhörens

Sich in die andere Person einzufühlen und sich auf ihren Bezugsrahmen einzulassen, wird ermöglicht durch die Grundsequenz des Zuhörens (abgekürzt: BLS – „Basic Listening Sequence"). Die BLS systematisiert die Techniken, die in den Anfangskapiteln dieses Buches vorgestellt wurden, und führt zu konkreten Ergebnissen beim Verstehen anderer Menschen. Die BLS kann in Gruppen oder auch bei Einzelpersonen angewandt werden.

Man kann sagen, dass Einfühlen und Widerspiegeln drei Ziele haben. Es geht um ein Verstehen

1. der wesentlichen *Fakten* des Problems bzw. der Situation;
2. der *Gefühle* und Werte, die in Bezug auf die Situation oder das Problem eine Rolle spielen;
3. wie die andere Person die Fakten und Gefühle *anordnet.*

Wenn Sie sich eingefühlt und die relevanten Fakten, Gefühle und die Struktur des Problems oder der Situation erfasst haben, sind Sie gut gerüstet, um die Führung in die Hand zu nehmen bzw. zur Problemlösung überzugehen.

Die Grundsequenz des Zuhörens besteht aus den folgenden Schritten:

1. Offene Fragen, um sich einen Überblick über das Problem zu verschaffen. (Einsatz von „Was"-Fragen, um an die Fakten zu kommen, „Wie"-Fragen, um die zugehörigen Gefühle und Bewertungen zu erhalten.)
2. Ermutigungen, um mehr über die Schlüsselbegriffe der anderen Person bzw. der Gruppe zu erfahren und dadurch umfassendere sachliche bzw. persönliche Informationen zu bekommen.
3. Paraphrasen, um dem Gesprächspartner eine Rückmeldung zu den Schlüsselbegriffen zu geben, die sicherstellt, dass Sie ihn richtig verstanden haben.

4. Kenntnisnahme und Rückmeldung der Gefühle des anderen, um sicherzugehen, dass Sie die wichtigsten Emotionen bemerkt haben.
5. Zusammenfassungen, um die Fakten und wahrgenommenen Gefühle zu ordnen.

Es folgen zwei Beispiele zur Grundsequenz des Zuhörens. Das eine illustriert, wie die BLS im Verkauf erfolgreich eingesetzt werden kann, das andere, wie man es als Führungskraft für eine interne Strategiesitzung nutzen kann.

Technik	Verkaufsgespräch	Teamsitzung
Offene Frage	„Welche Eigenschaften soll ein Computernetz für Sie haben?"	„Welches sind im kommenden Jahr für uns als Gruppe die wichtigsten Anforderungen an neue Produkte?"
Ermutigung (im exakten Wortlaut der anderen Person)	„Kompatibilität mit dem Mainframe?" „Verfügbarkeit der Software?" .	„Das Video-Projekt einstellen?" „Einen neuen Rekorder auf den Markt bringen?" „Unsere Transistoren auf den neuesten Stand bringen?"
Paraphrase	„Es hört sich an, als sei Kompatibilität für Sie von zentraler Bedeutung. Habe ich recht?"	„Ich habe den Eindruck, dass die meisten von Ihnen dafür sind, das Video-Projekt fortzusetzen – trotz der Schwierigkeiten."
Gefühle zur Kenntnis nehmen	„Sie scheinen mit dem Service Ihres jetzigen Händlers	„Herr Karrer, Sie scheinen skeptisch und recht unglücklich

	recht unzufrieden zu sein."	über die Entscheidung zu sein."
5. *Zusammen-fassen*	„Es scheint, Ihr bisheriges EDV-System hat durch Beschränkungen der Software und mangelnde Kompatibilität mit dem Mainframe nicht gut gearbeitet. Das hat zu Problemen zwischen der Buchhaltung und dem Einkauf geführt und macht Sie unzufrieden. Ist das richtig?"	„Um die Ergebnisse dieser Sitzung zusammenzufassen: Die Gruppe scheint ein gutes Gefühl dabei zu haben, wenn wir das Video-Projekt beibehalten, wobei Herr Karrer und Frau Jonas kritische Fragen aufgeworfen haben, die wir nicht vernachlässigen dürfen. Machen wir also einen Plan, in dem unsere nächsten Schritte festgehalten werden."

Mit Hilfe der Grundsequenz des Zuhörens ist es dem Verkäufer möglich, die wichtigsten Fakten sowie die Gefühle, die sich auf die Fakten beziehen, zu erfahren. Außerdem wird deutlich, wie der Kunde, der den Computer kaufen will, das Problem sieht. Die BLS erlaubt es, sich in das Problem hineinzufühlen, wie es vom Kunden gesehen wird, und ihm dies zurückzumelden. Damit überprüfen Sie, wie genau Sie ihn verstanden haben. Aufgrund dieses Wissens kann der Verkäufer dann die Führung übernehmen und zum Verkaufsabschluss kommen.

In entsprechender Weise hat der Manager die Planungssitzung gut geleitet. Offene Fragen erlauben es den Gruppenmitgliedern, ihre Gedanken und Meinungen mitzuteilen. Ermutigungen verhelfen der Gruppe dazu, wichtige Ideen weiter auszuführen, wobei Paraphrasen und die Rückmeldung von Gefühlen dem Sitzungsleiter anzeigen, ob er das Gesagte richtig verstanden hat. Die mehrmals und vor al-

lem gegen Ende eingesetzte Zusammenfassung hilft Ihnen,
die vielen Fakten und Gefühle, die während einer solchen
komplexen Sitzung geäußert worden sind, zu ordnen.

Sie werden feststellen, dass die Grundsequenz des Zuhörens
ein unersetzliches Werkzeug sowohl für das Einzelgespräch
als auch für die Kommunikation in einer größeren Gruppe
ist. Sie macht es Ihnen möglich, sich in das Denken anderer
Menschen hineinzuversetzen, und trägt dazu bei, dass Mitarbeiter und Kunden das Gefühl haben, ihre Bedürfnisse
und Ideen sind verstanden worden. Außerdem wird dieses
Schema Ihnen helfen, Ihr Verständnis dessen, wie andere
denken, in eine strukturierte Form zu bringen. Damit können Sie das Gespräch, die Sitzung oder die Verkaufssituation beeinflussen und in die gewünschte Richtung lenken.

Übungen zur Rückmeldung

1. *Testen Sie das Ermutigen.* Sprechen Sie mit einer Kollegin oder einem Kollegen über etwas, von dem Sie wissen,
dass es sie bzw. ihn sehr interessiert. Achten Sie dabei
sorgfältig auf die Schlüsselbegriffe, die Ihr Gegenüber
verwendet. Wiederholen Sie jene Begriffe in einem fragenden Tonfall. Achten Sie auf weitere wichtige Wörter
und greifen Sie sie auf. Sie werden merken, dass Sie auf
ein höchst wirksames Instrument gestoßen sind, durch
das Sie den Gesprächsfluss lenken und ein tiefergehendes
Verständnis dafür bekommen können, wie andere Menschen zu ihrer individuellen Wahrnehmung und ihren
Standpunkten gelangen.

2. *Testen Sie, wie es wirkt, wenn Sie die Gefühle anderer
zur Kenntnis nehmen.* Mit Emotionen zu arbeiten, ist in
der rationalen Welt des Managements oft nicht erlaubt.
Daher empfiehlt es sich, ein wahrgenommenes Gefühl
zunächst nur kurz zur Kenntnis zu nehmen und nicht
gleich eine ausführliche Rückmeldung dieser Art zu ge-

ben. Achten Sie als Erstes auf eine Bedienung im Restaurant, die viel zu tun hat, und versuchen Sie sich an einer kurzen Bemerkung zu ihrem Gefühlszustand. Wenn Sie mit dieser Technik einige Erfahrung gesammelt haben, nehmen Sie als nächstes ein positives Gefühl lobend zur Kenntnis, wenn Sie merken, dass ein Kollege oder Untergebener gute Arbeit geleistet hat.

3. *Die Grundsequenz des Zuhörens* verbindet alle Einfühlungstechniken dieses Buchs auf eine praktische und systematische Art. *Es ist nicht notwendig, die Reihenfolge exakt einzuhalten.* Bei der BLS geht es um Ergebnisse; das heißt, Sie können messen, wie wirksam Sie sie einsetzen, indem Sie sich fragen, ob es Ihnen gelingt, in Erfahrung zu bringen, 1) welches die relevanten Fakten sind, 2) wie die andere Person gefühlsmäßig zu den Fakten steht und 3) wie die Fakten und Gefühle bei der anderen Person strukturiert sind.

Wenn Sie die BLS üben, beginnen Sie mit einem bereitwilligen Familienmitglied oder Kollegen. Wählen Sie ein Thema aus, das Sie beide interessiert. Nehmen Sie ruhig dieses Buch in die Hand und gehen Sie folgendermaßen vor:

1. Stellen Sie eine offene Frage: „Würdest Du mir bitte etwas über ... erzählen?"
2. Daran schließen Sie mit offenen „Was"- und „Wie"-Fragen an, um weitere Informationen zu erhalten. Benutzen Sie geschlossene Fragen, um bestimmte Informationen, die Sie benötigen, zu bekommen.
3. Achten Sie auf wichtige Schlüsselbegriffe, die Ihr Gegenüber verwendet. Wiederholen Sie sie im Wortlaut.
4. Paraphrasieren Sie, was Sie gehört haben. Verwenden Sie dieselben Wörter, nur fassen Sie sich diesmal etwas kürzer.
5. Nehmen Sie Gefühle der anderen Person zur Kenntnis. Finden Sie heraus, wie sie das Thema bewertet bzw. gefühlsmäßig dazu steht, und sprechen Sie es aus.

6. Fassen Sie zusammen, was Ihr Gegenüber gesagt hat, und haken Sie nach: „Habe ich Sie so richtig verstanden?" Bemühen Sie sich darum, die wichtigsten Gedanken und Gefühle des anderen in die Zusammenfassung einzubeziehen.

Der nächste Schritt zur Übung der BLS bleibt Ihnen überlassen. Sie können die BLS direkt in die Praxis umsetzen, etwa bei einem schwierigen Mitarbeiter oder einem Verkaufsproblem, oder Sie können damit zum Beispiel herausfinden, wie Ihr Chef neue Geschäftsideen in Begriffe fasst. In jeder dieser Situationen werden die Einfühlungsstrategien der BLS äußerst hilfreich sein.

5. Einzelgespräche und Sitzungen strukturieren: Entscheidungen rationell treffen

Es gibt eine Anekdote über CARL ROGERS, den Begründer der klientzentrierten Beratung, und einen selbstmordgefährdeten Patienten. Der Patient spricht von Selbstmord, ROGERS spiegelt dessen depressive Gefühle. Schließlich hat der Patient genug, er geht zum Fester und schaut hinaus.

Patient:	Am liebsten würde ich springen.
Rogers:	Sie stehen am Fenster und würden am liebsten springen.
Patient:	Ja, die Situation ist aussichtslos, einfach gehen ...
Rogers:	Sie haben das Gefühl, die Situation sei aussichtslos. Sie steigen aus dem Fenster.
Patient:	Ja, ich werde springen.
Rogers:	Sie werden springen.
Patient:	Adieu!
Rogers:	Sie sagen „Adieu!".
Patient:	[Platsch!]
Rogers:	Platsch!

(IVEY 1986, S.36)

Man kann Klientenzentrierung und Zuhören auch übertreiben. Dieser alte Scherz mag ROGERS Unrecht tun. Er würde diesen Menschen in Wahrheit vom Springen abhalten, behauptet er. Was die Geschichte jedoch zeigt, ist, dass Zuhören und Einfühlen allein nicht immer ausreichen.

Verantwortungsbewusste Führungskräfte sind, ebenso wie verantwortungsbewusste Therapeuten, aktive Menschen, die Ereignisse in eine positive Richtung bewegen wollen. Einfühlung ist eine notwendige, aber keineswegs hinreichende Voraussetzung für den Erfolg.

Dieses Kapitel soll zeigen, wie man die Einfühlungstechniken, die in diesem Buch vorgestellt werden, mit Führungsfertigkeiten kombiniert, um den Verlauf von Gesprächen und Sitzungen lenken und bestimmen zu können.

Da langwierige Sitzungen für vielbeschäftigte Führungskräfte oft ein Problem darstellen, soll hier ein Grundschema geboten werden, das eine rationelle Entscheidungsfindung ermöglicht.

Dieses Schema wird im Folgenden in erster Linie am Beispiel einer Gruppensitzung erklärt. Es soll hier aber ausdrücklich betont werden, dass dieselben Prinzipien für ein Beurteilungsgespräch oder eine kurze Begegnung auf dem Flur oder in der Werkhalle benutzt werden können. Am Schluss dieses Kapitels finden Sie Beispiele dafür, wie das Schema zur Strukturierung einer Sitzung auf ein Gespräch unter vier Augen übertragen werden kann.

Kreative Entscheidungsfindung

Gutes Management bedeutet: gute Entscheidungen. Gute Entscheidungen erfordern Kreativität.

Höchstwahrscheinlich sind Sie mit den Grundmodellen der Entscheidungsfindung, strategischen Planung und Kreativität vertraut. Gemeinsam ist diesen scheinbar so unterschiedlichen Modellen jeweils der klassische Rahmen:

1. Das Problem (bzw. die Chance) definieren.
2. Nach Lösungsmöglichkeiten suchen.
3. Sich für eine Alternative entscheiden.

Wenn Sie eine Planungsbesprechung leiten und sich bei einem Produkt für die kommenden fünf Jahre festlegen müssen, muss die Gruppe das Problem zunächst sorgfältig formulieren. Es hat keinen Sinn, das falsche Problem zu lösen.

Zur Definition des Problems sollte das ganze Team einbezogen werden. Ein guter Leiter sollte die Mitarbeiter ermutigen, neue Ideen vorzubringen. Dieser Punkt ist heikel. Denn viele Führungskräfte ersticken das kreative Moment der Entscheidungsfindung und strategischen Planung dadurch, dass sie nicht zuhören und ihre Mitarbeiter nicht unterstützen. Kreative Entscheidungsfindung verlangt Offenheit gegenüber Alternativen und neuen Möglichkeiten.

Die langfristige Strategieplanung wurde im Managementbereich ursprünglich als eine wichtige „neue" Art und Weise anerkannt, die Probleme der Zukunft zu lösen. Das allgemeine Versagen der strategischen Planung in der amerikanischen Wirtschaft hat zwei Hauptursachen: 1) Strategische Planung ist von Unternehmensberatern zu etwas furchtbar Kompliziertem und Mystischem gemacht worden; und 2) sowohl Berater als auch erfahrene Manager geraten angesichts der Fülle von Möglichkeiten in Verwirrung und treffen dann keine Entscheidung über weitere Maßnahmen über die Sitzung hinaus.

Viele gute Ideen gehen verloren, weil in der Sitzung versäumt wird, sich für konkrete Maßnahmen zu entscheiden. Eine langfristige Planung scheitert in vielen Fällen daran, dass so viele Alternativen für die Zukunft vorgestellt werden. Manager und Team sind verwirrt, am Ende löst sich alles in Wohlgefallen auf.

„Im Zweifelsfall lieber nichts tun." So könnte man das Ergebnis allzu vieler Planungs-, Brainstorming- und Problemlösungssitzungen beschreiben. Vielleicht haben Sie die Erfahrung gemacht, dass auch viele Gespräche unter vier Augen – mit einem Vorgesetzten, einem Kollegen oder Mitarbeiter – enden, ohne dass festgelegt wird, wie die besprochenen Ideen umgesetzt werden sollen.

Das Modell der kreativen Problemlösung hat tatsächlich seinen Wert, es muss allerdings in Kombination mit den Techniken der Einfühlung und Führung umgesetzt werden. Entscheidungen sind gefordert.

Hier nun das Fünf-Schritte-Schema zur Strukturierung von Sitzungen und Einzelgesprächen:

Das Fünf-Schritte-Modell der Entscheidungsfindung

Es gibt fünf zentrale Aspekte der Entscheidungsfindung, die mit den Fertigkeiten der Einfühlung und der Führung kombiniert werden können. Wie Sie feststellen werden, entsprechen die fünf Schritte genau den drei Schritten des kreativen bzw. strategischen Planungsprozesses. Durch Einbeziehung der Einfühlungstechniken erhalten Sie jedoch ein klares Modell und haben eine Checkliste, um sicherzustellen, dass die beteiligten Personen einbezogen und dass nach der Sitzung bzw. dem Gespräch konkrete Maßnahmen ergriffen werden.

Schritt 1. Rapport und Strukturierung

Wenn Sie eine Sitzung eröffnen, besteht Ihre erste Aufgabe darin, für eine Atmosphäre zu sorgen, in der sich die Anwesenden wohlfühlen. Lassen Sie jede Person durch Aufmerksamkeit, insbesondere durch Augenkontakt, wissen, dass Sie sich ihrer Gegenwart bewusst sind. Aufmerksamkeit ist die Voraussetzung für einen guten Rapport.

In zu vielen Sitzungen und Gesprächen konzentriert man sich sofort auf das zu lösende Problem. Nehmen Sie sich ein wenig Zeit für persönliche Gespräche, sorgen Sie für einen angemessenen Sitzungsort – eine entspannte Atmosphäre, in der den Menschen Aufmerksamkeit geschenkt wird, führt zu einer produktiveren Sitzung und verringert die Abwehrhaltung gegenüber neuen Ideen.

Wenn Sie beginnen, erläutern Sie zunächst die Tagesordnung und den Zweck des Treffens. Dies ist eindeutig eine Führungs- und keine Einfühlungsmaßnahme. Wie Sie Ihre Ansichten klar darlegen, wird im weiteren Verlauf dieses Buches erörtert werden. Sie werden merken, dass eine klare Aussage zur Struktur der Sitzung wahrscheinlich Ihre wichtigste Leitungsaufgabe im Rahmen der Sitzung darstellt.

Wenn Sie der hier vorgeschlagenen Anordnung folgen möchten, kündigen Sie an, dass als Erstes das Problem definiert werden soll, dass dann die gewünschten Ziele bestimmt und danach gemeinsam nach Lösungsmöglichkeiten gesucht werden soll. Sie können den Anwesenden auch sagen, dass vor Abschluss der Sitzung konkrete Folgemaßnahmen beschlossen werden sollen.

Auf diese Weise haben Sie dem Team nicht vorgeschrieben, wie es sich zu verhalten oder zu entscheiden hat. Vielmehr haben Sie ihm eine offene Struktur für die gemeinsame Entscheidungsfindung geliefert.

Schritt 2: Das Problem bzw. die Chance, die sich bietet, definieren

In manchen Sitzungen wird sofort zur Problemlösung übergegangen, ohne eine klare Vorstellung des Problems zu besitzen, das es zu lösen gilt. Wenn Sie die Struktur der Sitzung klar dargestellt haben, wird die Gruppe zur gemeinsamen Definition des Problems bereit sein.

Die Grundsequenz des Zuhörens (BLS) wird sich die ganze Sitzung hindurch als sehr nützlich erweisen. Nehmen wir an, es geht um die Zusammenarbeit mit einem ausländischen Unternehmen. Als Leiter des Teams können Sie Ihre Offenheit für Vorschläge durch offene Fragen demonstrieren. Zum Beispiel durch folgende Fragen: „Wie wollen wir als Team diese Chance definieren? Welches sind die zentralen Fragen und Probleme, die wir zu lösen haben?"

Bei Definitionen, die vom Team vorgeschlagen werden, können Sie durch Ermutigungen dafür sorgen, dass interessante Gedanken und wichtige Punkte ausführlicher erörtert werden. Schon allein, wenn Sie nützliche Gedanken zur Kenntnis nehmen und sie in einem fragenden Ton wiederholen, wird das als Signal verstanden werden, dass Sie die Idee unterstützen.

Außerdem können Sie komplizierte oder unverständliche Gedanken zur Verdeutlichung paraphrasieren, vor allem dann, wenn ein Konflikt zu entstehen droht. Eine klare Paraphrase dessen, was jede der anwesenden Personen gesagt hat, verringert in der Regel mögliche Feindseligkeit und Sabotage gegenüber späteren Maßnahmen, die auf die Sitzung folgen sollen. Wenn Sie auf das nonverbale Verhalten der Anwesenden achten, werden Sie es merken, wenn sich einzelne Teilnehmer innerlich aus der Sitzung zurückziehen. Dann ist es höchste Zeit, die Geschehnisse zu paraphrasieren oder die potentiell kritisch eingestellten Mitarbeiter um ihre Meinung zu bitten.

Es kann auch nützlich sein, Gefühle, die Sie wahrnehmen, anzusprechen, zum Beispiel durch kurze Bemerkungen wie: „Diese Möglichkeit scheint Sie zu begeistern", oder: „Der Gedanke scheint Sie irgendwie zu ärgern." Damit können Sie den Grad an Emotionalität in der Sitzung beherrschen.

Im Verlauf der Sitzung steigt der Komplexitätsgrad des Geschehens. Das ist der Zeitpunkt für eine Zusammenfassung. Halten Sie in gewissen Abständen inne und fassen Sie zusammen, was die Gruppe zu einem bestimmten Punkt gesagt hat. Notieren Sie die Hauptgedanken zum Beispiel auf einem Flipchart. Die Zusammenfassung sagt nichts über Zustimmung oder Ablehnung einer Idee aus; sie zeigt vielmehr an, dass Sie als Leiter den Gedanken bzw. Beitrag zur Kenntnis genommen haben und dass die Sitzung nun zu einem anderen Punkt übergehen kann.

Als Abschluss des zweiten Schrittes kann eine Gesamtzusammenfassung der Problemdefinition angebracht sein. Hier möchten Sie vielleicht eine Zusammenfassung der Zusammenfassungen präsentieren, in der die Hauptaspekte der Problemdefinition wiederholt werden, die von der Gruppe, falls nötig, durch weitere Klarstellungen und Begründungen ergänzt werden können.

Schritt 3: Ziele definieren

Allzu viele Sitzungen kommen über die Problemdefinition nicht hinaus. Die besondere Stärke strategischer Planung beruht allerdings darauf, sich kurz- und langfristige Ziele zu setzen.

„Wenn Sie nicht wissen, wohin Sie gehen, werden Sie vielleicht anderswo als gewünscht landen." Das Problem zu definieren ist nicht genug. Was sind die Ziele, die die Gruppe kurz- und langfristig erreichen will?

Diese Phase der Sitzung können Sie mit der Zusammenfassung der Problemdefinition einleiten, der sich dann Fragen anschließen können wie: „Wenn das die Definition des Problems ist, was sind dann unsere idealen Vorstellungen von einer Lösung?", „Was sollte Ihrem Wunsch nach nun geschehen?"

Oft wollen Mitglieder des Teams die Lösung des Problems vorantreiben, bevor die betreffenden Gruppen- bzw. Unternehmensziele ermittelt worden sind. Auf der Basis der BLS werden Sie es nützlich finden, ideale Lösungen für das Problem bzw. zur Nutzung der Chance zu definieren. Wieder können Einfühlungstechniken wie die Ermutigung, die Paraphrase oder das Anerkennen von Gefühlen die Mitglieder Ihrer Gruppe dazu bringen, sich zu beteiligen.

Mit einer klaren Aussage zum Problem und zu den Zielen können Sie bald zur nächsten Phase der Sitzung übergehen – der Suche nach Lösungsmöglichkeiten. Allerdings könnte es sein, dass einige der Anwesenden im Eifer der Diskussion

den Eindruck bekommen haben, dass ihre Ideen nicht wahrgenommen worden seien. Das erkennen Sie zum Beispiel
daran, dass sie sich zurücklehnen und nicht mehr am Gespräch teilnehmen. Das sind die Menschen, die selbst die
beste Entscheidung untergraben können.

In einem solchen Fall ist es nützlich, von jedem Teilnehmer
zu erfahren, wie es im Moment um ihn steht. Durch eine
Zusammenfassung können Sie die in der Sitzung geäußer-
ten Fakten und Überlegungen ordnen. Sie wollen vielleicht
auch die Gefühle bzw. die Haltung Einzelner oder auch der
ganzen Gruppe zu den Fakten zusammenfassen, besonders
dann, wenn es in der Sitzung heftig herging und wenn Kon-
troversen entstanden sind.

Nach der Zusammenfassung stellen Sie mit jedem Mitglied
der Gruppe kurz Augenkontakt her. Bitten Sie um Reaktionen auf die Problemdefinition und die Zusammenfassung,
und fragen Sie nach Kritik, Verbesserungsvorschlägen für
die Zusammenfassung und nach weiteren Überlegungen.
Nehmen Sie sich die Zeit, in der Gruppe einen Konsens zur
Problemdefinition und den Idealzielen herzustellen.

Denn wenn die Gruppe nicht wirklich zusammenarbeitet
und nicht jedes einzelne Mitglied das Gefühl hat, gehört zu
werden, kann der Wert der Sitzung langfristig oft gleich
null sein. Auch hier werden Sie merken, wie hilfreich die
BLS ist, wenn es darum geht, Menschen und Ideen zusammenzubringen.

Schritt 4: Nach Lösungsmöglichkeiten suchen

In vielen Sitzungen setzt man erst an diesem Punkt an. Der
Sitzungsleiter ist schnell mit einer Problemdefinition bei der
Hand, glaubt, dass das gewünschte Ziel durch sein einlei-
tendes Statement bekannt ist und geht sofort dazu über,
nach Lösungen zu suchen.

Wenn Sie sich die Zeit nehmen, Rapport herzustellen und die Sitzung sorgfältig zu strukturieren, um eine klare Problem- und Zieldefinition zu bekommen, werden Sie feststellen, dass die Gruppenmitglieder ihre Vorschläge viel bereitwilliger einbringen werden. Dies ist besonders dann der Fall, wenn Sie jedem Einzelnen Aufmerksamkeit und Unterstützung für seine Beiträge gegeben haben.

Auch zur Strukturierung dieser Phase der Sitzung können Sie die Zusammenfassung und die BLS einsetzen, zum Beispiel, indem Sie Folgendes sagen: „Soweit haben wir das Problem als ... definiert und als Wunschziel für die Zukunft haben wir ... skizziert. Welche Möglichkeiten gibt es nun, Problem und Idealvorstellung zusammenzubringen?"

Damit haben Sie eine klare Struktur geschaffen, um Lösungsalternativen zu entwickeln. Die offene Frage lädt Ihre Gruppe dazu ein, Eigenes beizutragen. Hier können Sie wiederum die Techniken der Ermutigung, der Paraphrase und der Anerkennung von Gefühlen einsetzen, um genauer zu erfahren, was sich die einzelnen Gruppenmitglieder für die Zukunft vorstellen.

Es mag Ihnen aufgefallen sein, dass Ihre Funktion bei all diesen Phasen der Sitzung die des ordnenden Zuhörens ist. Sie leiten die Gruppe zwar, haben Ihre Überlegungen zum betreffenden Problem aber bisher für sich behalten. Dadurch kann sich ein an das Führen gewöhnter, aktiver Sitzungsleiter unwohl fühlen, denn schließlich heißt erfolgreiches Führen doch, die Gruppe in die gewünschte Richtung zu lenken, oder etwa nicht?

Dies ist eine wichtige Frage. Es gibt Zeiten, in denen selbst der beste Leiter Entscheidungen treffen und für die Gruppe aktiv werden muss. Die meisten erfolgreichen Führungspersönlichkeiten wissen jedoch, wie sie ihre Mitarbeiter einbeziehen, um ein echtes Team daraus zu machen. Sie werden überrascht sein, wie produktiv Ihre Mitarbeiter in Sitzungen sein können, wenn Sie eine gute Struktur vorgegeben und die Mitarbeit jedes Teammitglieds ermöglicht haben.

Soweit erforderlich, können Sie in jeder Phase der Sitzung auch Ihre eigenen Ansichten und Vorschläge einbringen. Sie werden allerdings feststellen, dass das Engagement der Gruppe oft abnimmt, sobald Sie eine Idee vorbringen. Daher ist die inhaltliche Beteiligung des Leiters an einer Sitzung meist am effektivsten, wenn sie so gering wie möglich gehalten wird.

In der vierten Phase der Sitzung werden Sie es am ehesten für nötig erachten, eigene Überlegungen einzubringen. Aber lassen Sie zuerst die Gruppe zum Zuge kommen. Bringen Sie Ihre eigenen Ideen behutsam ein, um den Arbeitsprozess der Gruppe nicht zu stören.

In einer Strategiesitzung kann es sehr viel Zeit kosten, verschiedene Lösungen zu finden oder Zukunftspläne für Ihr Unternehmen zu entwerfen. Es empfiehlt sich, jede Alternative, die vorgebracht wird, zusammenzufassen und schriftlich festzuhalten. Wenn Sie neue Gedanken nicht zusammenfassen und dadurch zeigen, dass Sie sie gehört haben, geschieht es oft, dass das betreffende Gruppenmitglied den Gedanken so lange wiederholt, bis er zur Kenntnis genommen worden ist. Es kann auch passieren, dass das Mitglied, dessen Idee nicht aufgegriffen wurde, sich zurücklehnt und nicht mehr am Geschehen teilnimmt. So können Sie dem vorbeugen, dass Mitarbeiter, die den Eindruck haben, ihre Ideen seien nicht mit Respekt angehört worden, den weiteren Gang der Dinge sabotieren.

Diese vierte Phase der Sitzung hat große Ähnlichkeit mit dem Brainstorming der kreativen Entscheidungsfindung. Durch Ihre Leitung geben Sie allerdings eine Struktur vor, die das kreative Potential bündelt und ordnet.

Sobald die Gruppe eine angemessene Zahl von Alternativen gesammelt hat, ist es Zeit, konkrete Maßnahmen festzulegen. Allzu viele Sitzungen und Planungsrunden lösen sich auf, bevor es zu diesem wichtigen Schritt gekommen ist.

Schritt 5: Festlegung konkreter Maßnahmen

Wenn die harte Arbeit, die in der Sitzung geleistet worden ist, nicht umsonst gewesen und der Strategieplan eingehalten werden soll, müssen konkrete Schritte folgen. An diesem Punkt ist Ihre Leitung am meisten gefragt. Während für die ersten vier Phasen der Sitzung vor allem Ihre Einfühlungsfertigkeiten entscheidend sind, müssen Sie hier Ihre Führungskompetenz zeigen.

Allerdings heißt das Leiten einer Sitzung nicht unbedingt, den Mitarbeitern zu sagen, was sie tun sollen. Wenn verschiedene mögliche Vorgehensweisen übersichtlich zusammengefasst worden sind, kann die zielgerichtete Frage: „Welche der Alternativen sollen wir nehmen?" eine gemeinsame Entscheidungsfindung herbeiführen.

Wie Sie sich denken können, ist die BLS nützlich, um bei der Entscheidung Prioritäten zu setzen. Jedes einzelne Mitglied der Gruppe wird eine bestimmte Einstellung zur betreffenden Entscheidung haben, und Sie werden deren Gedanken und Gefühle dazu paraphrasieren und wiedergeben wollen. Durch sorgfältiges Einfühlen können Sie die Gruppe oft zu einem tragfähigen Konsens bewegen.

Sobald sich die Gruppe auf eine oder mehrere Entscheidungen geeinigt hat, können sich Einzelne freiwillig für verschiedene Aufgaben melden oder sie werden ihnen zugeteilt. Wenn die Sitzung die Ressourcen der gesamten Gruppe genutzt und eine umfassende Mitarbeit zugelassen hat, ist es oft gar nicht nötig, Aufgaben zuzuweisen. Je nach Gesprächsbeitrag wird es sich von selbst ergeben, wer sinnvollerweise welchen Teil der Aufgaben übernimmt.

Die Sitzung kann mit einer Zusammenfassung dessen, was besprochen wurde, schließen: Die Problemdefinition, die Ziele, die Hauptalternativen, die entwickelt und beschlossen wurden, und wer welche Aufgaben ausführen wird.

Die Versuchung ist groß, diese letzte Zusammenfassung wegzulassen, da wahrscheinlich alle erschöpft sind und zum nächsten Problem bzw. zur nächsten Sitzung übergehen möchten. Doch gerade bei diesem letzten Schritt gehen viele gute Ideen und Maßnahmen verloren. Effektive Sitzungen sind vollständige Sitzungen, in denen auch die weiteren Schritte festgelegt werden.

Wenn die Sitzung vorüber ist, möchten Sie vielleicht die einzelnen Mitglieder kontaktieren und nachfragen, wie sie die Sitzung wahrgenommen haben und wie große ihre Bereitschaft ist, ihre jeweiligen Aufgaben für den Strategieplan oder die Problemlösung auszuführen.

Verwendung des Fünf-Schritte-Modells für das Einzelgespräch

Die hier genannten fünf Schritte brauchen sich nicht auf lange und komplexe Sitzungen zu beschränken. Sie sind auch eine gute Möglichkeit, um gute Beziehungen und eine erfolgreiche Interaktion im täglichen Umgang sicherzustellen.

Nehmen wir zum Beispiel an, dass ein Vorarbeiter aus der Montage einen Konflikt mit einem Mitarbeiter hat und Sie auf dem Flur abfängt, um mit Ihnen darüber zu reden. Als Erstes ist es Ihre Aufgabe, mit diesem Mitarbeiter Rapport herzustellen, indem Sie Augenkontakt aufnehmen und Aufmerksamkeit signalisieren. Bleiben Sie stehen und geben Sie dem Vorarbeiter zu erkennen, dass Sie ihm zuhören.

Durch die Frage: „Könnten Sie mir von dem Konflikt berichten?" haben Sie die zweite Phase des Gesprächs eröffnet. Verwenden Sie die BLS in dem Maße, wie es nötig ist, um sich mit den Fakten, Gefühlen, Ansichten und der Struktur des Konflikts in der Produktion vertraut zu machen.

Phase drei können Sie beginnen, indem Sie den Vorarbeiter Folgendes fragen: „Wie würden Sie das Problem idealerweise gelöst haben wollen?" Wenn Sie Mitarbeitern einfach nur zuhören, werden diese oft von selbst mit idealen Lösungen kommen, die bereits die Antwort darstellen, und das kurze Gespräch kann hier enden.

Sobald das Problem und die erhoffte Lösung formuliert sind, können entweder Sie oder der Mitarbeiter eine Antwort erarbeiten. Vielleicht machen Sie einen Vorschlag oder unterstützen eine seiner Überlegungen.

Zum Abschluss müssen Sie die Bereitschaft zum Handeln unterstreichen. Sie können zusammenfassen, was gesagt worden ist, und zum Ausdruck bringen, dass Sie zusammen mit dem Vorarbeiter weiterverfolgen werden, was aus der Sache geworden ist.

Wie Sie sich wahrscheinlich denken können, werden alle fünf Schritte dieses Gesprächs manchmal weniger Zeit in Anspruch nehmen als das Lesen dieser wenigen Abschnitte. Die Fünf-Schritte-Struktur liefert einen Rahmen für kommunikatives Einfühlen und Führen und kann Ihnen als Checkliste dienen.

Durch Verwendung der fünf Punkte der Checkliste für eine Sitzung oder ein kurzes Gespräch können Sie sicher sein, dass Sie Ihre Kollegen, Mitarbeiter und Vorgesetzten wirklich richtig verstanden haben. Sie haben sowohl die Person als auch das Problem zur Kenntnis genommen.

Übungen zum Gebrauch des Fünf-Schritte-Modells

1. *Setzen Sie die Fünf Schritte im Einzelgespräch ein.* Wenn ein Kollege das nächste Mal kommt, und Sie bei einem Problem um Hilfe bittet, gehen Sie die fünf Schritte, die hier vorgeschlagen wurden, in Gedanken systematisch durch und wenden Sie sie an. Stellen Sie Rapport her, finden Sie heraus, worin das Problem besteht und welches das gewünschte Ziel ist, entwickeln Sie Lösungen und holen Sie eine Zusage für anschließende Maßnahmen ein.

Versuchen Sie dabei nur die BLS einzusetzen, so dass Ihr Kollege bzw. Ihre Kollegin die Lösung ganz allein entwickelt. Inhaltliche Überlegungen und Ratschläge liefern Sie nur, wenn es gar nicht anders geht. Versuchen Sie Überlegungen und Ratschläge von Ihrer Seite auf die vierte Phase des Gesprächs zu beschränken.

2. *Beobachten Sie eine Sitzung.* Die meisten Sitzungen verlaufen viel ungeordneter, als es der Fall sein müsste. Verwenden Sie die folgenden Leitfragen, um zu analysieren, welche Bedingungen eine effektive Sitzung ausmachen. Was hat in der Sitzung, die Sie beobachtet haben, gut funktioniert? Was hat gefehlt?

Es ist nicht nötig, jede Phase des Fünf-Schritte-Modells in jeder Sitzung in der exakten Reihenfolge einzuhalten; Sie werden jedoch feststellen, dass die meisten erfolgreichen Sitzungen die folgenden Elemente in irgendeiner Form enthalten:

Schlüsselelemente einer effektiven Sitzung:

a) *Rapport/Strukturierung.* Gab es die Anerkennung jeder anwesenden Person durch Blickkontakt und Aufmerksamkeitsverhalten? Hat der Sitzungsleiter eine systematische Gliederung für die Sitzung geliefert?

b) *Problemdefinition.* Wurde das Problem klar definiert? Hat der Leiter der Sitzung jedem Gruppenmitglied die Gelegenheit gegeben, sich zu dem Problem zu äußern? Hat der Sitzungsleiter die Gefühle zur Kenntnis genommen, die es hinsichtlich zentraler Gedanken und Sachverhalte gab? War der Leiter fähig, das Problem bzw. die Chance aus der Sicht der Gruppe verständlich zusammenzufassen?

c) *Zielsetzung.* Wurde die ideale Lösung des Problems erörtert, auch wenn sie nicht voll erreichbar war? Wurde darauf geachtet, jedes Sitzungsmitglied bei Problemdefinition und Zielsetzung mit einzubeziehen?

d) *Suche von Lösungsmöglichkeiten.* Hat der Sitzungsleiter unterschiedliche Ideen gefördert und akzeptiert? Wurde jedes Gruppenmitglied aufgefordert, Überlegungen beizusteuern? Wurden mindestens drei Alternativen in Betracht gezogen? (So lange Sie nicht mindestens drei Möglichkeiten haben, kann man nicht von Auswahl sprechen.)

e) *Handlungsbereitschaft.* Wurde die Sitzung ohne konkrete Pläne für die Zukunft beendet? Hat der Leiter sichergestellt, dass die weiteren Schritte klar waren und wer jeweils im Sinne der Ziele, auf die man sich geeinigt hatte, aktiv werden würde? Gab es zum Abschluss der Sitzung ein zusammenfassendes Statement?

3. *Leiten Sie selbst eine Sitzung.* Verwenden Sie den obigen Überblick für die nächste Entscheidungs- oder Planungssitzung. Es ist besonders wichtig, dass Sie dabei die Grundsequenz des Zuhörens verwenden und jedes einzelne anwesende Gruppenmitglied in jede Phase des Pro-

zesses einbeziehen. Achten Sie vor allem auf Schritt 5, das heißt darauf, weitergehende Maßnahmen festzulegen, denn sonst gehen neue Ideen und Pläne leicht verloren.

6.

Verschiedene Blickwinkel einnehmen: Sicherstellen, dass das Problem vollständig erfasst worden ist

Ein schreckliches Ungeheuer lungerte vor der Tür der Milestone Milling Company. Das Unternehmen hatte vor kurzem schmackhafte Frühstücksflocken ohne Zucker neu auf den Markt gebracht – aber sie verkauften sich nicht.

Die Marketingleiterin, Birgit Erikson, versammelte ihren Mitarbeiterstab zu einer Krisensitzung. Es wurde entschieden, dass jeder eine Taschenlampe erhalten sollte, um Licht in diese düstere Angelegenheit zu bringen.

Einer nach dem anderen ging mit der hellen Taschenlampe nach draußen. Als sie zurückkehrten, hörte sich Frau Erikson an, was sie über das Ungeheuer herausgefunden hatten.

Bernd Olaf, der Personalexperte, kam zurück und sagte, er habe im Licht Hans Schulz erkannt, den Mann, der für die Anzeigenkampagne verantwortlich war. „Feuern Sie ihn", sagte er, „und alles wird gut".

„Nein, das wird nicht funktionieren", sagte Renate Mona, die Ernährungswissenschaftlerin. „Ihr Licht beleuchtet etwas Falsches. Wir müssen uns auf das Produkt konzentrieren. Die Flocken verkaufen sich nicht, weil der Zucker fehlt. Wir können das Problem lösen, indem wir das Produkt verändern."

„Meine Taschenlampe hat etwas ganz anderes ans Licht gebracht", sagte Johann Stolz. „Es liegt daran, dass wir nicht genug Marktforschung betrieben haben. Wir müssen herausfinden, was die Verbraucher von einer neuen Frühstücksflocke erwarten."

Friedhelm Lars, der Unternehmensberater, schnaubte verächtlich: „Was in Wirklichkeit Licht in die Sache bringen wird, ist, die aktuelle Wirtschaftslage genau zu studieren und zu überlegen, wie wir unsere Unternehmenskultur ver-

ändern müssen, um sie den aktuellen Anforderungen anzupassen."

Rita Braun sprach als Letzte. „Ich habe die Lampe gar
nicht gebraucht, um herauszufinden, was das Problem ist.
Wenn Sie auf mich gehört hätten, hätten wir jetzt kein Problem. Um es noch einmal zu sagen, es ist ..."

Weiter kam sie nicht, denn die Geduld von Herrn Olaf und
den anderen war erschöpft, und sie diskutierten lauthals
darüber, wie das Monster vor der Tür nun zu erlegen sei.

Birgit Erikson unterbrach sie rasch. „Sie haben alle recht.
Was wir nur noch tun müssen, ist, die verschiedenen
Aspekte, die jeder von Ihnen vorgebracht hat, zu verbinden. Jeder von Ihnen hat einen Teil der Lösung. Die An-
wort jedes Einzelnen genügt nicht, aber wenn wir sie koor-
dinieren, glaube ich, dass wir das Ungeheuer besiegen können."

Moral: Management- und Marketing-Ungeheuer können
selten mit einer einzigen Taschenlampe erschlagen werden.

Nur wenige Management-Probleme sind so einfach, dass
ein einziger Blickwinkel oder eine einzelne Maßnahme die
Antwort bringt. Manager von heute müssen sich mit immer
komplexeren Sachverhalten und vielfältig vernetzten Faktoren auseinandersetzen, bevor sie eine Entscheidung treffen.

Verschiedene Blickwinkel einzunehmen ist eine fortgeschrittene Kommunikationsfertigkeit, die es Managern ermöglicht, zu führen und Probleme in ihrer ganzen Komplexität zu systematisieren. Ein gründlicher Blick aus unterschiedlichen Perspektiven macht es möglich, Probleme zu
verstehen, Entscheidungen zu treffen und andere Menschen
zu beeinflussen.

Verschiedene Blickwinkel einnehmen. Ein Beispiel

Am besten lässt sich dieses Vorgehen anhand eines Beispiels illustrieren.

Nehmen wir an, Sie sind der Leiter einer Einkaufsabteilung und einer Ihrer Mitarbeiter, Herr Kosinski, berichtet Ihnen, die Fertigungsabteilung habe sich beschwert, weil sie ständig zu wenig Transistoren habe: „Die Leute in der Fertigung sind wirklich sauer. Die Transistoren sind ihnen schon wieder fast ausgegangen. Herr Beer ist verzweifelt und hat das Lieferpersonal angebrüllt. Die sind wütend geworden und sind gegangen. Jetzt kommt Herr Beer zu mir. Was sollen wir nun machen?"

Natürlich gibt es viele Richtungen, in die man diese besorgte Äußerung weiterverfolgen könnte. Sie können sich zum Beispiel um Ihren Mitarbeiter kümmern oder ihn ignorieren. Sie können jede Technik aus der Grundsequenz des Zuhörens einsetzen, um mehr über das Problem zu erfahren. Jede von ihnen kann weiterhelfen und jede würde Herrn Kosinski in eine andere Richtung führen.

Verschiedene Blickwinkel einzunehmen, ist eine Fertigkeit *zusätzlich* zu den Kommunikationstechniken. Sie führt zu größerer Präzision bei der Definition von Problemen und Zielen. Der Blick aus verschiedenen Richtungen, gekonnt eingesetzt und gekoppelt mit der Einfühlung durch offene Fragen, ermöglicht es Ihnen, eine Problemanalyse durchzuführen.

Zwei mögliche Arten, Herrn Kosinski zu erwidern, wären:

- Den Blick auf die *Person* zu richten: „*Herr Kosinski*, Sie machen sich anscheinend Sorgen. Was sollten wir Ihrer Meinung nach tun?" (Rückmeldung eines Gefühls, offene Frage)

- Den Blick auf das *Problem* zu richten: „*Die Transistoren sind wieder ausgegangen?*" (Ermutigung) oder: „Sagen Sie mir bitte, warum die Transistoren wieder ausgegangen sind." (offene Frage)

Je nach Vorgehensweise wird Herrn Kosinski aus einer anderen Perspektive über das Problem zu sprechen. Als geschickte Führungskraft möchten Sie Herrn Kosinski als Menschen einbeziehen. Gleichzeitig benötigen Sie mehr Informationen über das Problem. Wenn Sie ein ernstes, wiederkehrendes Problem wie dieses haben, kann es sich lohnen, sich die Zeit zu nehmen, die Schwierigkeiten aus verschiedenen Blickwinkeln sorgfältig zu analysieren.

Es gibt drei weitere Aspekte, die bei der Problemerfassung und -definition möglich und nützlich sind.

- Der Blick auf *andere:* auf Herrn Beer, das Lieferpersonal und andere zentrale Personen in Fertigung und Einkauf. Zum Beispiel durch die Frage: „Was sieht *Herr Beer* als Ursache für das Problem an?" Beziehen Sie alle Menschen, die mit dem Problem in Zusammenhang stehen könnten, in Ihre Überlegungen ein.
- Der Blick auf den *Kontext:* Den Kontext genauer zu betrachten bedeutet, Faktoren in einem weiteren Rahmen zu suchen, als es auf den ersten Blick offensichtlich ist. Zum Beispiel die Haltung der Unternehmensspitze in punkto Lagerhaltung, Lieferprobleme einer anderen Firma, etwa weil gestreikt wird oder weil sie einfach furchtbar l-a-n-g-s-a-m ist! Die Geschichte der Beziehung zwischen den beiden Abteilungen sowie mögliche Konflikte wären ein weiteres Beispiel dafür, was der Blick auf den Kontext zutage fördern könnte. Entsprechende Fragen wären: „Würden Sie mir bitte die neuesten Zahlen zum Lagerbestand besorgen? Wer ist für die Bestellungen zuständig? Wer sind unsere Zulieferer? Vielleicht ist der Lagerbestand zu knapp kalkuliert."

- Der Blick auf *Sie selbst:* Sie als Führungskraft sind in vielen Situationen der Experte. Als Teil der Analyse aus verschiedenen Blickwinkeln ist es wichtig, dass Sie sich selbst und Ihr Fachwissen in die Analyse einbeziehen. „*Meine Erfahrung* mit dieser Art von Problemen ist, dass ... *Ich* würde Folgendes vorschlagen: ...“

Wenn Sie als Manager ein Problem gründlich verstehen wollen, müssen Sie die Problemdefinition mit Hilfe der Grundsequenz des Zuhörens angehen, die fünf Schritte zur Strukturierung einer Sitzung verwenden und eine Analyse aus verschiedenen Blickwinkeln durchführen. Auf diese Weise können Sie dafür sorgen, dass Sie und Ihre Mitarbeiter die Angelegenheit in ihrer ganzen Komplexität erfassen.

Management kann als die Kunst verstanden werden, das Komplexe zu vereinfachen.

Die Analyse durch verschiedene Blickwinkel ist ein einfaches Prinzip, mit dem man komplexe Probleme in handhabbare Elemente zerlegen kann. Sie als Manager und Teamleiter können dann die verschiedenen Aspekte der Definition zu einer brauchbaren Lösung zusammenfügen.

Übungen zur Einnahme verschiedener Blickwinkel

1. *Spielen Sie verschiedene Blickwinkel in Gedanken durch.* Hier eine Äußerung, die Sie von einem unzufriedenen Mitarbeiter während einer Leistungsbeurteilung zu hören bekommen könnten:

   „Es ist nicht meine Schuld, dass der Bericht zu spät eingereicht wurde. Es lag an Frau Johnson. Sie ist immer im Weg. Aber der Bericht war sowieso nicht so wichtig. Sie haben mir nie gesagt, wann Sie ihn genau haben wollten.“

Überlegen Sie sich dazu verschiedene mögliche Blickwinkel bzw. schreiben Sie sie auf. Achten Sie darauf, wie das, was zunächst als ein einfaches persönliches Problem erscheint, an Komplexität zunimmt.

Person?
Problem?
Andere Personen?
Kontext?
Sie selbst?

2. *Wenden Sie die Betrachtung aus verschiedenen Blickwinkeln bei der Arbeit an.* In den nächsten ein bis zwei Tagen wird vermutlich ein Freund oder Kollege mit Ihnen über ein Problem sprechen wollen, um nach einer Lösung zu suchen. Anstatt sofort zu antworten, nehmen Sie sich die Zeit und betrachten sie es unter verschiedenen Aspekten. Bei welchen Blickwinkeln fällt Ihnen das besonders leicht? Bei welchen schwer?

Normalerweise ist es am schwersten, vom konkreten Problem, das gelöst werden soll, zu Fragen des Kontextes überzugehen. Es ist jedoch gerade das Denken im Kontext, das Topmanager auszeichnet.

Konflikte, Widersprüche und mehrdeutige Botschaften ansprechen: Konflikte kreativ nutzen

Der Verkaufsleiter hat eine Besprechung mit seinem Vorgesetzten.

Vorgesetzter: Ich bin mit der Leistung der Vertreter wirklich zufrieden. Die Zahlen sind im letzten Quartal steil nach oben gegangen. Was mir am besten gefällt, ist, dass sie so gut arbeiten, auch wenn Sie sich nicht ständig um sie kümmern.

Verkaufsleiter: (Pause) ... Also ... Danke. Ich werde es weiterleiten.

Vorgesetzter: Das will ich hoffen! Übrigens habe ich mir überlegt, dass es wichtig wäre, die Belegschaft bei Entscheidungen einzubeziehen. Hier habe ich übrigens einen neuen Berichtsbogen. Sehen Sie sich ihn einmal an.

Verkaufsleiter: Ein neues Formular? Davon wusste ich noch gar nichts ... (Pause) ... Sie wollen anscheinend von meinen vielbeschäftigten Mitarbeitern ganz schön viele Informationen.

Vorgesetzter: Nun, es sind einige Details, aber die sind gescheit genug, das schnell zu lernen. Also, was halten Sie davon?

Verkaufsleiter: Ich bin mir nicht sicher, es überrascht mich im Moment. Ich bin mir nicht sicher, ob die Vertreter noch mehr Schreibkram brauchen können ... Außerdem ...

Vorgesetzter: (unterbricht) Also, das war's. Ich habe hart an diesem Plan gearbeitet, und wir brauchen die Informationen nun einmal. Sie ...

Verkaufsleiter: (unterbricht) Aber ...

Vorgesetzter: (unterbricht) Hier gibt es kein „aber". Ich habe mich entschieden.

Gespräche wie dieses finden öfter statt, als uns lieb ist. Management basiert zwar auf den Beziehungen zwischen Menschen, trotzdem versäumen wir es oft, zuzuhören und Ansichten zu akzeptieren, die sich von unseren unterscheiden; das kann zu zwischenmenschlichen Konflikten führen.

Im oben angeführten Wortwechsel wird das Ergebnis für keinen der Beteiligten befriedigend sein. Der Verkaufsleiter lässt sich vielleicht nach außen hin auf die Neuerung seines Vorgesetzten ein, aber die Aussichten, dass sie sich durchsetzen wird, ist verschwindend gering.

Vielleicht sind auch Sie schon einem solchen Vorgesetzten begegnet. Diese Menschen scheinen nur sich selbst wahrzunehmen. Sie mögen hart arbeiten und produktiv sein, aber ihre mangelnde Fähigkeit, anderen zuzuhören, wird ihnen und ihrem Unternehmen immense Probleme einbringen.

Wie können Sie mit den Konflikten, Widersprüchen und Mehrdeutigkeiten, die im Gespräch mit solchen Menschen entstehen, umgehen? Eine geeignete Methode ist die Technik der Konfrontation.

Wenn Sie diese fortgeschrittene Führungstechnik beherrschen, können Sie diese nicht nur im Gespräch mit Ihrem Vorgesetzten, sondern auch in vielen schwierigen Konfliktsituationen zur Problemlösung einsetzen.

Außerdem ist die Technik der Konfrontation, das heißt, das Ansprechen von Widersprüchen und Mehrdeutigkeiten, die Grundlage, um Probleme kreativ zu lösen.

Widersprüche und mehrdeutige Botschaften erkennen

Die Konfrontationstechnik besteht aus zwei Hauptschritten: Der erste Schritt ist das Erkennen der mehrdeutigen Botschaft, des Konflikts bzw. des Widerspruchs. Der zweite Schritt ist das Hinweisen auf diese konfliktträchtigen, mehrdeutigen Botschaften. Danach ist es möglich, zur Problemlösung überzugehen, sei es durch Verhandlungen oder durch Maßnahmen von oben.

Der zu Anfang des Kapitels dargestellte Konflikt zwischen Verkaufsleiter und Vorgesetztem macht deutlich, was Widersprüche und mehrdeutige Äußerungen bewirken. Lesen Sie den Dialog noch einmal. Welche Widersprüche und mehrdeutigen Botschaften erkennen Sie?

Einige mehrdeutige Botschaften, die in diesem Beispiel zu Konflikten führen können, sind: 1) Der Vorgesetzte hat angemerkt, dass die Mitarbeiter auch ohne die Aufsicht des Verkaufsleiters gut arbeiten – ein nicht sehr subtiler Seitenhieb gegen den Verkaufsleiter; 2) der Vorgesetzte spricht von gemeinsamen Entscheidungen, hat aber den neuen Plan allein entwickelt (das ist nicht untypisch für Manager, die keinen gemeinschaftlichen Führungsstil pflegen); 3) er bittet den Verkaufsleiter zwar um Rückmeldung, versucht die angedeutete Kritik dann aber sofort abzuschmettern.

Diese vielen doppeldeutigen Botschaften führen zu einem größeren Konflikt zwischen beiden. Ein möglicher Ausweg wäre, dass der Verkaufsleiter die Autorität seines Vorgesetzten anerkennt. Dies wäre weder für den Verkaufsleiter noch für seine Mitarbeiter sehr befriedigend, und letztlich auch nicht für das Unternehmen.

Um in einer solchen Situation die Ruhe und das innere Gleichgewicht zu bewahren, ziehen Sie sich erst einmal innerlich zurück, versetzen sich in Ihr Gegenüber und achten Sie auf die genaue Art der mehrdeutigen Botschaften – unabhängig davon, ob sie von einem Vorgesetzten, einem Kollegen oder einem Untergebenen kommen. Später können Sie konkrete Maßnahmen aus diesem Wissen ableiten.

Es lassen sich verschiedene Arten von Widersprüchen und mehrdeutigen Botschaften unterscheiden. Das Kriterium dafür ist, was im Einzelnen nicht zusammenpasst.

1. *Widerspruch zwischen zwei Aussagen.* Wohl am leichtesten zu erkennen ist es, wenn eine Person zwei Aussagen macht, die sich eindeutig nicht miteinander vereinbaren lassen. Zum Beispiel haben Sie vielleicht schon folgendes bei einer Leistungsbeurteilung erlebt: „Das Unternehmen hat ein gutes Jahr gehabt, und Sie haben dazu beigetragen", und später heißt es dann: „Es tut uns leid, dass wir Ihnen dieses Mal keine wesentliche Gehaltserhöhung anbieten können."

2. *Widerspruch zwischen Aussage und Verhalten.* Hier passen Worte und Taten nicht zusammen. Der Vorgesetzte im obigen Beispiel spricht davon, das Verkaufspersonal beim neuen Formular in die Entscheidung einzubeziehen, geht dann aber alleine vor.

3. *Widerspruch zwischen Äußerungen und nonverbalem Verhalten.* Wenn Sie Menschen genau beobachten, werden Sie merken, dass ihr nonverbales Verhalten manchmal nicht zu dem passt, was sie sagen. Ein Kollege gibt Ihnen zum Beispiel im Gespräch recht, aber Sie merken, dass er seine Arme und Beine fest verschränkt hält. Oder jemand nickt zur Zustimmung, aber auf eine so halbherzige Art, dass Sie wissen, Sie haben es nicht geschafft, ihn zu überzeugen.

4. *Widerspruch zwischen Äußerungen und Kontext.* Dieser Fall kann zum Beispiel vorliegen, wenn jemand etwas sagt, was zu den situationsbedingten Zwängen nicht passt. „Ich werde keine Schwierigkeiten haben, neue Mitarbeiter einzustellen", während das Unternehmen Mitarbeiter entlässt. Diese Art von Inkongruenz ist oft ein Zeichen für einen engstirnigen Manager, der jeweils nur das Nächstliegende im Auge hat.

5. *Widerspruch zwischen zwei oder mehr Menschen.* Natürlich ist diese Art des Widerspruchs am einfachsten zu

erkennen. Trotzdem müssen Sie ihn zunächst identifizieren, um dann Schritte zur Lösung des Konflikts und zu Verhandlungen einleiten zu können.

Beobachtung ist das Mittel, um Konflikte, Widersprüche und mehrdeutige Botschaften zu erkennen. Dazu müssen Sie zuhören und sich in andere einzufühlen können. Aufmerksamkeitstechniken und die Fertigkeiten der Grundsequenz des Zuhörens sind dafür von großer Bedeutung. Sie können besonders hilfreich sein, um die verschiedenen Dimensionen des Konflikts besser zu erfassen.

Lösungen für Konflikte, Widersprüche und mehrdeutige Botschaften suchen

„Jetzt hab' ich Sie erwischt!" – Auch wenn es reizvoll wäre, das zu sagen, ist das keine besonders erfolgversprechende Äußerung, mit der man der Lösung des Konflikts näher kommt. Es zahlt sich nicht aus, Menschen mitzuteilen, dass man sie bei einem Widerspruch ertappt hat. Auf die Einfühlung und das sorgfältige Zuhören, durch die Sie den Widerspruch erkannt haben, müssen jetzt direkte und eindeutige Maßnahmen Ihrerseits folgen.

Die klassische Konfrontationsaussage lässt sich formulieren als: „Einerseits sagen/machen Sie ..., aber andererseits ..." Gelassen, freundlich und ohne Wertung ausgesprochen, kann diese Bemerkung äußerst hilfreich sein, Ihrem Gegenüber den Widerspruch bewusst zu machen. Dem schwierigen Vorgesetzten zu Beginn dieses Kapitels könnte man zum Beispiel folgendes antworten:

„Danke für das Kompliment. Nur was sagt das über meine Arbeit mit dem Team aus?"
„Einerseits sagen Sie, dass Sie die Mitarbeiter bei Entscheidungen einbeziehen möchten, aber andererseits

geben Sie uns ein Formular, das bereits fertig zu sein scheint. Habe ich das richtig verstanden? „Sie haben mich um meine Meinung gebeten. Allerdings merke ich, dass Sie gerade keine Antwort hören möchten. Ist das jetzt die richtige Zeit, darüber zu reden, oder sollten wir es lieber vertagen?"

Jede der angeführten Konfrontationsaussagen endet mit einer Frage und lädt so zur Fortsetzung des Dialogs ein. Wichtig bei diesem Umgang mit einem Konflikt ist es, die Diskrepanz in einer ruhigen und freundlichen Art und Weise zum Ausdruck zu bringen. So ist der Weg für Verhandlungen offen.

Differenzen aushandeln

Nehmen wir an, Sie haben einen Konflikt oder einen Widerspruch genau erfasst und das Gespräch eröffnet, zum Beispiel mit einem erfahrenen Gewerkschaftsvertreter. Die folgende Technik eignet sich gut dafür, Konflikte systematisch zu lösen. Jede Konfliktlösung braucht als Basis gute Aufmerksamkeitsfertigkeiten und Einfühlungs- bzw. Zuhörtechniken.

Es wird vermutlich sinnvoll sein, die Verhandlungen bzw. das Konfliktlösungsgespräch mit Hilfe der fünf Schritte anzugehen, die im vorhergehenden Kapitel erörtert wurden. Nehmen Sie sich zunächst die Zeit, Rapport herzustellen und sich auf gemeinsame Ziele für die Lösung des Konflikts zu einigen. Das bildet eine gemeinsame Basis trotz der Differenzen, die vorhanden sind.

Wenn Sie mit den Verhandlungen bzw. dem Konfliktgespräch beginnen, ist es äußerst nützlich, als Erstes zu sagen, dass Sie eine Vereinbarung finden möchten, bei der alle Beteiligten profitieren. Sobald Schwierigkeiten auftauchen, kehren Sie zu diesem ersten Schritt zurück. Dieses Vorgehen wird Ihnen in den schwierigen Phasen des recht komplexen Prozesses helfen.

Während Sie über schwierige Fragen verhandeln oder versuchen, den Konflikt beizulegen, behalten Sie das Fünf-Schritte-Modell im Kopf: Rapport/Strukturieren; klare Definition des Problems; klare Definition der Zielsetzung; Suche nach Lösungsmöglichkeiten; und sorgen Sie dafür, dass konkrete Maßnahmen auf die getroffenen Entscheidungen folgen. Unter Berücksichtigung dieser Grundstruktur hier einige Leitlinien zur Konfliktlösung und Verhandlungsführung:

1. Verwenden Sie während der Phase, in der das Problem definiert wird, wirksame Zuhörtechniken, damit Sie den Standpunkt Ihres Kontrahenten wirklich verstehen und sich in ihn einfühlen können. Sie werden feststellen, dass es ungeheuer nützlich ist, die Hauptpunkte der gegnerischen Position zu kennen. Außerdem sollten Sie die Gefühle, die Sie wahrnehmen, zurückmelden, um herauszufinden, wie stark die andere Person gefühlsmäßig in die Sache involviert ist. Zeigen Sie durch Zusammenfassungen an, dass Sie den Standpunkt Ihres Gegenübers wahrgenommen haben. Die Beilegung eines Konflikt kann einfacher werden, wenn Sie die Vorstellungswelt Ihres Kontrahenten wirklich verstehen.
2. Suchen Sie nach Widersprüchen in der Argumentation Ihres Kontrahenten. Geben Sie diese ruhig und freundlich wieder. Bemühen Sie sich ernsthaft darum, den Bezugsrahmen des anderen zu verstehen.
3. Fassen Sie die Argumentation der anderen Person bzw. der Gruppe zusammen, damit deren Standpunkt deutlich wird. Stellen Sie allerdings klar, was Sie gerade tun, denn manche Menschen werden es sonst als Beleg dafür nehmen, dass Sie ihre Position akzeptieren. Es kann auch sinnvoll sein, Ihr Gegenüber darum zu bitten, Ihre Sicht-

weise zusammenzufassen. Seien Sie sich Ihres Standpunktes und Ihrer Ziele genau bewusst, bleiben Sie aber flexibel.
4. Achten Sie auf Gemeinsamkeiten. Nutzen Sie diese zur Beilegung des Konflikts.
5. Übernehmen Sie die Führung, indem Sie zum Beispiel die Richtung angeben und Ratschläge bzw. Informationen liefern. Legen Sie Ihren Standpunkt in ruhigen und freundlichen Worten dar. Auf diese anspruchsvolleren Führungstechniken wird im folgenden Kapitel eingegangen. Zusätzlich kann es nützlich sein, Ihr Gegenüber darum zu bitten, Ihren Standpunkt in Worte zu fassen.

Geben Sie keine Positionen auf, die Sie für richtig halten, aber verrennen Sie sich auch nicht in eine Idee, die aussichtslos ist. Zu einem flexiblen Verhandlungsstil gehört es, dass Ihnen bewusst ist, dass Sie sich nicht bei jedem Punkt werden durchsetzen können.

Wenn es im Arbeitsleben nicht so viele Konflikte, Widersprüche und mehrdeutige Botschaften gäbe, bräuchten wir keine Manager. Die kreative Führungskraft lebt von solchen Konflikten und ihrer Beilegung.

Konfrontation als kreative Chance

Was ist der Unterschied zwischen einem Optimisten und einem Pessimisten?

Zwei Manager, einer ein Pessimist, der andere ein Optimist, kamen zu einem riesigen Misthaufen hinter dem neuen Lagerschuppen, den das Unternehmen gerade gekauft hatte. Der erste Manager, ein geborener Pessimist, hielt sich die Nase zu und gab die Anweisung, den Mist sofort zu entfernen.

Der optimistische Manager dagegen hatte sich bereits eine Schaufel genommen und stand bis zu den Knien im Dung.

„Können Sie mir sagen, was Sie da machen?", fragte der pessimistische Manager, denn er war zumindest mit dem Prinzip der offenen Frage vertraut.

„Was wohl?" erwiderte der Optimist. „Bei so viel Mist muss hier doch irgendwo ein Pony sein."

Probleme sind gleichzeitig auch Chancen. Neue Ideen entstehen gerade durch Differenzen im Team, durch unterschiedliche Sichtweisen auf die Entwicklung eines neuen Produkts und durch Konflikte und Konkurrenz auf dem Markt.

Allzu oft reagieren Manager pessimistisch auf Probleme und Konflikte. Zukünftige Generäle hingegen wissen, dass eine Beförderung nach der Schlacht schneller zu erwarten ist. Die Spannung, die ein Konflikt erzeugt, differierende Meinungen, und selbst unbeabsichtigte Widersprüche oder Fehler können die Grundlage für große, neue Ideen sein.

Es ist das Wesen des kreativen Prozesses, zwei unvereinbare Gedanken nebeneinander zu stellen und nach verschiedenen Möglichkeiten zu suchen, sie miteinander zu verbinden. Was den Unterschied zwischen herausragenden Führungskräften und denen, die es gerade so schaffen, ausmacht, ist die Fähigkeit, Konflikte kreativ zu regeln und in schwierigen Situationen „das Pony zu finden".

Geschickte Einfühlung und die Aufmerksamkeit gegenüber Diskrepanzen ist der Schlüssel zu kreativem Management. Um Konflikte beizulegen bzw. neue Lösungen für alte Probleme zu finden, sind dann Führungstechniken gefragt.

„Wenn das Schicksal Ihnen weniger zugeteilt hat, als Sie gern hätten, sehen Sie nach, wo das Pony versteckt ist."

Übungen zur Konfrontation

1. Beobachtung. Nehmen Sie sich die Liste der sechs Arten von Widersprüchen und suchen Sie bei der Arbeit zunächst nach Beispielen für jede Variante. Erst wenn Sie solche Konflikte leicht erkennen können, wird Ihnen die Beilegung nicht mehr schwer fallen. Halten Sie Ausschau nach Diskrepanzen zwischen

> zwei Aussagen,
> Äußerungen und Verhalten,
> Äußerungen und nonverbalem Verhalten,
> Äußerungen und Kontext,
> den Äußerungen von zwei oder mehr Personen.

2. Üben Sie die Konfrontationsformel. Wenn Sie bei der Arbeit einen Widerspruch entdecken, geben Sie Ihre Beobachtungen deutlich und mit einer ruhige Stimme wieder, indem Sie die folgende Grundformel verwenden: „Einerseits sagen Sie ..., andererseits ...“

3. Führen Sie Verhandlungen bzw. eine Sitzung zur Konfliktlösung durch. Verwenden Sie für die Planung die fünf Schritte zur Strukturierung einer Sitzung.

   a) *Rapport/Strukturieren.* Sorgen Sie für sich und Ihren Kontrahenten (bzw. Kollegen oder Untergebenen) für eine angenehme Atmosphäre. Stellen Sie die Tagesordnung vor und holen Sie das Einverständnis der Anwesenden für den Ablauf ein.

   b) *Definition des Problems.* Bereiten Sie sich darauf vor, Ihren Standpunkt deutlich und präzise vorzutragen. Verwenden Sie die Grundsequenz des Zuhörens (BLS), um die Sichtweise Ihres Gegenübers kennenzulernen.

   c) *Ziele definieren.* Erörtern Sie, welches für Sie und die andere Person die ideale Lösung wäre. Achten Sie darauf, wo die Übereinstimmungen und die Differenzen liegen.

d) *Finden Sie Lösungsmöglichkeiten – verhandeln Sie.*
Machen Sie auf Widersprüche in der Argumentation
oder Haltung der anderen Person aufmerksam, indem
Sie die Konfrontationsformel einsetzen: „Auf der einen Seite sagen/machen Sie ..., auf der anderen ..."
Bleiben Sie dabei ruhig und freundlich, und verwenden Sie weiterhin die BLS, damit Sie das Bezugssystem
der anderen Person verstehen. Bleiben Sie Ihrer Position treu, aber seien Sie auch flexibel.

e) *Handlungsbereitschaft.* Wenn es geht, kommen Sie
dem anderen entgegen. Wenn das nicht möglich ist,
wird es die beste Lösung sein, die Tatsache zu akzeptieren, dass nicht jede Angelegenheit zur Zufriedenheit
aller Beteiligten gelöst werden kann.

8. *Führen und Beeinflussen*

Profi-Fußballer berichten manchmal, dass die Zeit bei wichtigen Spielen sozusagen „stehen bleibt". Sie sind so tief konzentriert und nehmen so viel auf einmal wahr, dass die anderen Spieler sich wie in Zeitlupe zu bewegen scheinen.

Auch Tennis-Stars kennen das Phänomen, wenn sie einen entscheidenden Aufschlag annehmen. Sie können sich genau an die Bewegungen ihres Gegners und die Flugbahn des Balls erinnern.

Sowohl Spitzensportler als auch Topmanager haben die Fähigkeit, viele, viele Details in ihrer komplexen und wettbewerbsorientierten Welt in sich aufzunehmen. Sie können vorausschauen und sich im Einklang mit ihrem Kontrahenten bewegen, bevor sie die Führung übernehmen.

Beobachtung und Einfühlung sind die Grundlage der Führungsarbeit.

Flexibilität und sieben Führungstechniken

Der kanadische Meisterkommunikator MARSHALL McLuHAN war in eine heftige Diskussion mit einem Kollegen verwickelt, der sich von seinen Argumenten aber nicht überzeugen ließ. Als McLuHAN klar wurde, dass er nicht zu ihm durchdrang, hielt er inne, holte tief Luft und sagte:

„Also, wenn Ihnen diese Idee nicht gefällt, habe ich noch eine andere."

Flexibilität, unterschiedliche Optionen und Alternativen machen die Welt der Fußballchampions, Tennis-Stars und fähigen Manager aus. Effektive Führung erfordert Beweglichkeit und eine Auswahl verschiedener Möglichkeiten, um das eine Ziel zu erreichen.

Dieses Kapitel stellt sieben Beeinflussungstechniken vor, die im Führungsprozess sehr effektiv sind. Inzwischen müsste allerdings deutlich geworden sein, dass effektives Führen in erster Linie heißt, sich in die Kontrahenten, das eigene Team oder die Kunden einzufühlen und sie zu verstehen. Jede der hier vorgestellten Beeinflussungstechniken ist am effektivsten, wenn sie auf der Grundlage sorgfältigen Zuhörens geschieht, das heißt, eingebettet in Aufmerksamkeit, Beobachtung der nonverbalen Signale und in die Grundsequenz des Zuhörens.

Die sieben Beeinflussungstechniken sind im Folgenden danach angeordnet, wie stark ihr Beeinflussungsgrad in der Sitzung bzw. im Einzelgespräch ist.

Grad der Beeinflussung	Beeinflussungstechnik
Gering	*Feedback* Anderen mitteilen, wie ihr Verhalten von Ihnen und anderen wahrgenommen wird.
	Information/Erklärung Bestimmte Fakten, Ideen, Meinungen liefern, um zu informieren, und nicht, um zu „erzählen".
Mittel	*Interpretation* Ein Problem bzw. eine Situation aus einer neuen Perspektive darstellen.
	Selbstmitteilung Ihre eigenen Gedanken und Erfahrungen mitteilen.
	Ratschläge Eine Person instruieren, was sie tun und welche Maßnahmen sie ergreifen soll.

Es liegt bei der anderen Person, ob sie den Rat befolgt oder nicht.

Hoch

Die Richtung vorgeben
Anderen genau vorgeben, was sie zu tun haben.

Warnungen/Drohungen
Anderen die Konsequenzen ihres Handelns deutlich vor Augen führen.

Die meisten Führungskräfte haben nur eine einzige Methode der Führung und Beeinflussung. Vielleicht erinnern Sie sich an jemanden, dessen einziges Mittel die Selbstmitteilung war. „Aus meiner Erfahrung würde ich Folgendes tun, um das Problem zu lösen." Er schreibt dann jedem vor, was er tun sollte.

Die Selbstmitteilung ist an sich als Führungstechnik nicht schlecht, besonders wenn der Manager sich zuvor angehört hat, was das Problem ist, und der Gesprächspartner bereit ist zuzuhören. Im Übermaß verwendet kann die Selbstmitteilung jedoch tödlich sein, nicht nur für die Adressaten, sondern auch für die Karriereaussichten des Managers selbst.

Andere Manager verteilen ständig Ratschläge; sie mögen durchaus gute Lehrer sein, aber Mitarbeiter sind schließlich keine Schulkinder. Die intellektuell orientierte Führungskraft liefert endlos neue Interpretationen der Situation und langweilt ihre Mitarbeiter damit zu Tode.

Bedenklicher sind Manager, die „durch Drohung führen" und ihre Mitarbeiter und Untergebenen damit ständig in einem Zustand von Wut und Angst halten.

Jede dieser Beeinflussungstechniken kann übertrieben werden. Daher sollte man lieber mehrere Möglichkeiten zur Verfügung haben.

Sollte eine der Beeinflussungs- und Führungstechniken nicht funktionieren, dann versuchen Sie es nicht immer wieder. Wenn diejenigen, mit denen Sie zusammenarbeiten, diese Technik nicht mögen, haben Sie schließlich noch eine andere.

Wie man ein Gespräch nicht führt

Jede der Beeinflussungstechniken ist potentiell günstig, um Mitarbeiter in die von Ihnen gewünschte Richtung zu lenken. Zuerst sollten Sie jedoch zuhören und darauf achten, wie der Mitarbeiter auf die Technik, die Sie gerade eingesetzt haben, reagiert.

Die meisten Führungskräfte haben Grundfertigkeiten im Führen und Beeinflussen. Was vielen jedoch fehlt, ist die Fähigkeit, anderen zuzuhören und von ihnen zu lernen. Manager sind oft die geborenen Führungspersönlichkeiten, die manchmal vergessen, dass sie auch Mitarbeiter und Kunden brauchen. Wenn Sie nicht zuhören, werden Sie nicht lange in Ihrer Führungsposition bleiben.

Nehmen wir an, Herr Birkner, ein Mitarbeiter aus dem Einkauf, hat Ihre Assistentin, Frau Johner, unfreundlich behandelt; sie war hinterher sehr wütend und aufgebracht. Es ist Ihnen bekannt, dass Herr Birkner im letzten Monat mit mindestens drei anderen Mitarbeitern aneinandergeraten ist. Er macht seine Arbeit zwar gut, ist aber ein bißchen ruppig und achtlos im Umgang mit Kollegen.

Überlegen wir zunächst, wie man bei Herrn Birkner nicht vorgehen sollte. Es trägt manchmal zur Verdeutlichung bei, sich daran zu erinnern, wie ineffektive Führungskräfte vorgehen.

Ineffektiver Manager	Herr Birkner, kommen Sie in mein Büro. Ich muss mit Ihnen reden. (Richtung vorgeben)

Herr Birkner:	(Defensiv) Was gibt's?
Ineffektiver Manager:	(Heftig) Frau Johner war gerade bei mir. Sie haben es wieder einmal geschafft, ... (Ineffektives Feedback)
Herr Birkner:	Was habe ich schon wieder geschafft?
Ineffektiver Manager:	Sie haben Sie aus der Fassung gebracht mit Ihrem Termin für das Protokoll. Sie ist in Tränen aufgelöst zu mir gekommen. Das muss aufhören, wenn Sie ... (Ineffektives Feedback, Richtung vorgeben)
Herr Birkner:	Sie ist zu weich. Sie haben mir gesagt, dass das Protokoll sofort 'raus muss. Warum schreien Sie mich also jetzt an?
Ineffektiver Manager:	Sie machen das doch mit allen so. Das ist in dieser Woche schon die dritte Beschwerde über Sie. Wenn das nicht aufhört, werde ich auf Sie verzichten müssen. (Ineffektives Feedback, Drohung)

Eine der wichtigsten Eigenschaften erfolgreicher Topmanager ist es, dass sie die Fähigkeit haben, mit Problemsituationen positiv umzugehen. Der Fußballspieler und der Tennis-Star, die zu Beginn des Kapitels erwähnt wurden, handeln nach dem alten Sprichwort: „When the going gets tough, the tough get going." (Wenn es hart kommt, kommen die Harten in die Gänge.)

Mitarbeiter zur Ordnung zu rufen, gehört nicht zu den Lieblingsbeschäftigungen der meisten Manager. Wie die Leistungsbeurteilung verlangt auch das Disziplinierungsgespräch, Negatives klar ins Visier zu nehmen. Jeder kann mit angenehmen Situationen relativ gut umgehen. Es ist leicht, zuzuhören und erfolgreich zu führen, wenn die Dinge nach Wunsch laufen.

Wenn man das Disziplinierungsgespräch, das mit Herrn Birkner geführt wurde, analysiert, findet man vieles, das falsch gemacht wurde. Erinnern wir uns zunächst daran, dass er ein wertvoller Mitarbeiter ist, der gute Leistungen bringt. Bei einem solchen Mitarbeiter wie ihm können Jahre guten Willens in zwei oder drei Momenten wie diesen zunichte gemacht werden.

Sie haben vielleicht gemerkt, dass der Vorgesetzte im obigen Gespräch mit „zwei Gewehren" geschossen hat. Ein schuldzuweisendes, pauschal formuliertes Feedback bildete den Kern des Gesprächs; hinzu kamen Anweisungen, „damit aufzuhören". Und beides wurde als Drohung abgefeuert.

Weil vielen Führungskräften die Disziplinierung unangenehm ist, wollen sie ein solches Gespräch lieber schnell hinter sich bringen, statt es gründlich zu planen. Vielleicht ist das der Grund, warum so viele Disziplinierungsgespräche überflüssigerweise mit Warnungen und Drohungen enden. Wenn Sie ein solches Gespräch oder eine Leistungsbeurteilung mit negativem Inhalt durchzuführen haben, nehmen Sie sich Zeit dafür und bereiten Sie das Gespräch sorgfältig vor.

Einfühlung und Führung bei Disziplinierungsgesprächen

Bei Ihrem Gespräch mit Herrn Birkner sollten Sie einige wichtige Prinzipien beachten. Auch stimmt zwar, dass das Gespräch möglichst bald nach dem Vorfall bzw. der Regelverletzung geführt werden sollte, trotzdem sollten Sie sich erst zurücklehnen und in Ruhe überlegen, was Sie nun tun und sagen wollen.

Die fünf Schritte zur Strukturierung einer Sitzung liefern einen hilfreichen, systematischen Rahmen, um das Gespräch gelassen und zielorientiert abzuhalten. Sie streben eine Lösung an, bei der beide Seiten gewinnen: Sie wollen einen wertvollen Mitarbeiter behalten, und andere, ebenfalls wertvolle Mitarbeiter sollen nicht vergrault werden.

Als Erstes sorgen Sie im Gespräch mit Herrn Birkner für einen guten Rapport. Dieser Mitarbeiter hat in der Vergangenheit gute Arbeit geleistet und wird es wohl auch in Zukunft tun, wenn Sie die jetzige Situation gut handhaben. Sie eröffnen das Treffen also mit einer positiven Note und lassen ihn wissen, dass er und seine Arbeit Ihnen wichtig sind. Gleichzeitig müssen Sie das Gespräch strukturieren, damit Sie die Führung behalten und er weiß, worum es bei dem Gespräch geht.

Sie: (nachdem Sie Rapport hergestellt haben) Herr Birkner, der Grund, warum ich Sie hergebeten habe, ist, dass ich Rückmeldung über einen Konflikt zwischen Frau Johner und Ihnen bekommen habe. Ich würde gern wissen, was geschehen ist und was in dieser Sache getan werden könnte. Sie beide sind mir zu wichtig, als dass wir uns solche Konflikte leisten könnten. (Information/Erklärung, das Problem steht im Mittelpunkt und nicht die Person von Herrn Birkner.)

Die Äußerung, in einem ruhigen und bestimmten Ton vorgebracht, gibt an, worum es in dem Gespräch gehen soll. Wertendes Feedback wird vermieden. Das Wichtigste jedoch: Sie legen Ihren Standpunkt nicht dar. Das bedeutet maximale Flexibilität, um im Verlauf des Gesprächs Modifikationen und Änderungen vorzunehmen. In manchen Fällen könnte es sich durch sorgfältiges Zuhören zeigen, dass Frau Johner – und nicht Herr Birkner – die Person ist, mit der das Gespräch geführt werden müsste. Konzentrieren Sie sich in den Anfangsphasen des Gesprächs auf das Problem, vermeiden Sie Persönliches.

Nun können Sie zur Definition des Problems übergehen. Im ersten obigen Beispiel dieses Gesprächs, das zeigte, wie man es nicht machen soll, wurde vorausgesetzt, dass das Problem bekannt ist. Verwenden Sie die Grundsequenz des Zuhörens, um Herrn Birkners Sicht auf das Problem kennenzulernen. Was sind die Fakten, seine Gefühle und die Struktur des Problems aus seiner Sicht?

Sie könnten ihn zum Beispiel Folgendes fragen: „Herr Birkner, könnten Sie mir berichten, was vorgefallen ist?" „Was haben Sie getan, was hat sie gesagt?" Während Herr Birkner erzählt, ist es Ihre Aufgabe zuzuhören und sich mit seinem Bezugsrahmen vertraut zu machen. Sie müssen seine Meinung nicht teilen, sondern ihn lediglich verstehen.

Während Sie zuhören, werden Sie nacheinander den Blick auf das Problem, auf Herrn Birkner, auf Frau Johner, das Umfeld und möglicherweise auch auf sich selbst richten wollen. Wenn Sie genau zuhören, werden Sie merken, wenn Herr Birkner doppeldeutige Botschaften und Widersprüchliches äußert. – Wenn Sie ihn darauf ansprechen möchten, tun Sie es auf eine freundliche Art, um eine Abwehrhaltung bei ihm zu vermeiden.

Zum Abschluss der zweiten Phase können Sie zusammenfassen, was Herr Birkner gesagt hat. Geben Sie ihm allerdings deutlich zu verstehen, dass Sie sich bewusst sind, dass es sich um seinen Bezugsrahmen handelt.

Sie: Herr Birkner, was ich heraushöre, ist, dass Sie in Eile waren, dass der Tag zu Hause schon schlecht begonnen hatte und dass Sie das Protokoll brauchten, um Ordnung in den Einkauf zu bringen. Sie hatten das Gefühl, Frau Johner war Ihnen gegenüber nicht ehrlich. Das hat den Streit ausgelöst. Habe ich Sie soweit richtig verstanden?

Sobald Sie den Standpunkt des Mitarbeiters kennen, gilt es, eine klare Zielsetzung für das Gespräch zu formulieren. Vielleicht haben Sie die Gesprächsziele bereits in der Rapport-/Strukturierungsphase besprochen. Das Ziel eines Disziplinierungsgesprächs werden Sie auf jeden Fall bestimmen wollen, jedoch sollte es Ihnen auch wichtig sein, das Einverständnis von Herr Birkner einzuholen.

Sie: Also, ich glaube, ich habe Ihren Standpunkt verstanden. Frau Johner scheint manchmal schwierig zu sein, und Sie waren in Eile. Andererseits können wir solche Spannungen in diesem Büro nicht dulden. Wir haben uns bereits über ähnliche Probleme unterhalten. Mir geht es darum, einen Weg zu finden, dass Sie und Frau Johner sich versöhnen und dass so etwas nicht wieder vorkommt. (Zusammenfassung, mit anschließendem präziseren Feedback und einer Selbstmitteilung über ein recht konkretes Ziel. Beachten Sie vor allem das klare Ansprechen des Konflikts, der zwischen den beiden Mitarbeitern besteht. Damit ist der Weg für eine kreative Lösung geebnet.)

An diesem Punkt sollten Sie unbedingt auf die Reaktion von Herrn Birkner achten. Wenn nötig, gehen Sie immer wieder zur Grundsequenz des Zuhörens (BLS) zurück und beschaffen sich mehr Informationen über die Fakten und die damit verbundenen Emotionen, bevor Sie weitere Maßnahmen ergreifen.

Nun folgt der wichtigste Teil des Gesprächs – die kreative Suche nach Lösungen. In der Sitzung aus *Kapitel 5* war es, wenn Sie sich erinnern, möglich und erstrebenswert, so viele Techniken des Zuhörens wie möglich einzusetzen. Wenn Sie die BLS verwenden, wird Ihnen oft die Gruppe die Antwort auf das Problem liefern, ohne dass Sie sagen müssen, was sie tun soll. In ähnlicher Weise können geschickt gestellte Fragen hier in dieser Phase bewirken, dass Herr Birkner selbst Lösungen für sein Problem vorschlägt.

Nehmen wir aber an, dass er keine befriedigende Lösung zu
bieten hat. Was tun Sie dann? Nachdem Sie sich gründlich
in Herrn Birkner hineinversetzt haben, können Sie es mit
unterschiedlichen Beeinflussungstechniken versuchen, immer nach der Devise von MARSHALL MCLUHAN: „Wenn
Herr Birkner die eine Führungstechnik nicht mag, haben
Sie noch eine andere."

Generell gilt, dass es immer besser ist, diejenige Führungstechnik zu verwenden, die weniger starken Einfluss auf den
anderen Menschen ausübt. Allerdings werden Sie feststellen, dass jeder Mensch, mit dem Sie es zu tun haben, anders
reagiert ... und, um es noch schwieriger zu machen: auch
dieselbe Person wird nicht immer gleich reagieren. Was also
zählt, ist Flexibilität.

Hier nun einige Beispiele für den Einsatz von Beeinflussungstechniken, jeweils mit einem Kommentar und nach dem
Grad der Einflussnahme geordnet.

> FEEDBACK: Herr Birkner, Sie engagieren sich sehr, und
> das wissen wir zu schätzen. Alle halten Sie für einen
> besonders fähigen Mitarbeiter. Gleichzeitig haben Sie
> mehrere Ihrer Kollegen durcheinandergebracht, die-
> ses Mal Frau Johner. Ich habe Ihnen schon gesagt, in-
> wiefern. Ich werde keine Wertung abgeben, aber ich
> glaube, es ist Ihnen bewusst, dass hier als Team gear-
> beitet werden muss. Was meinen Sie dazu?

Idealerweise sollte das Feedback präzise und konkret sein.
Sie können die obige Aussage noch unterstreichen, indem
Sie bestimmte Situationen anführen, in denen Herr Birkner
gute Arbeit geleistet hat. Es kann manchmal auch von Bedeutung sein, die anderen Konfliktfälle detaillierter zu er-
wähnen. In jedem Falle ist es wichtig, nicht zu werten. Man
verliert in einer solchen Situationen leicht die Beherrschung.

Wann immer Sie Informationen und Erklärungen liefern, ist es wichtig, konkret und präzise zu sein. Seien Sie zuallererst deutlich und direkt in ihrer Aussage. Denken Sie daran, dass Sie wahrscheinlich mehr wissen als die andere Person. Kann sie Sie verstehen? Reichern Sie ihre Informationen durch konkrete Beispiele an. Bitten Sie Ihr Gegenüber anschließend zu paraphrasieren, was Sie gesagt haben. Dies ist besonders bei komplexen Sachverhalten sehr wichtig.

Wenn Sie das Verhalten von Herrn Birkner interpretieren oder in einem anderen Licht darstellen, sollten Sie behutsam vorgehen, da sich diejenigen, die mit einer Disziplinierung rechnen, oft stur stellen und sich nur ungern auf andere Interpretationen ihres Problems einlassen. Wieder geht es darum, durch die neue Interpretation die alten Informationen auf eine neue Art und Weise zu betrachten. Um Gesprächspartnern dabei zu helfen, die neue Sichtweise in Betracht zu ziehen, hilft es meist, der Interpretation eine Aufforderung zur Antwort folgen zu lassen. Zum Beispiel:

Interpretation 1: Eine Möglichkeit, diese Situation zu betrachten, wäre die, dass Sie Menschen, die bei der Arbeit auf Ihrer Stufe oder unter Ihnen stehen, das Leben schwer machen. Mit mir wie auch mit anderen Vorgesetzten scheinen Sie gut auszukommen. Wie stehen Sie dazu?
Interpretation 2: Man könnte dieses Problem auch als ein Problem des Teams betrachten. Sie scheinen sich jeweils zu überlegen, wie Sie Ihre Ziele erreichen können (und das mit Erfolg), aber wir müssen das ganze Büro miteinbeziehen. Welchen Beitrag zum Team könnten Sie Ihrer Meinung nach leisten?
Interpretation 3: Sie haben die Fortbildung in Transaktionsanalyse gemacht. Mir scheint, als würde Ihr Eltern-Ich Ihre Arbeit zu stark dominieren. Unsere Mitarbeiter lassen sich aber nicht gern wie Kinder behandeln. Können Sie damit etwas anfangen?

Natürlich kann man dieses Problem noch auf viele andere Arten betrachten und interpretieren. Jede der oben angeführten Interpretationen ist plausibel und bietet Ihnen und Ihrem Mitarbeiter einen neuen Blick auf das Problem. Dieser neue, unvoreingenommene Blick ist es, der die Lösung bringen kann.

Wenn Sie Herrn Birkner eine Selbstmitteilung anbieten möchten, können Sie dem Gespräch eine persönliche Note geben, indem Sie folgendes sagen:

Selbstmitteilung: Ich kann mich erinnern, wie ich in Ihrem Alter war. Ich war intelligent und äußerst ehrgeizig. Ich wollte vorankommen – um jeden Preis. Glücklicherweise hat mich mein Chef gebremst. Er war dabei nicht gerade freundlich. Ich wurde beinahe gefeuert.

Durch solche Kommentare, sparsam eingesetzt, werden Sie für Ihre Mitarbeiter zu einem realen Menschen aus Fleisch und Blut. Auch Ihre Funktion als Mentor wird dadurch unterstrichen. Überstrapaziert macht der Gebrauch solcher „Ich-Aussagen" Sie allerdings zu einem langweiligen Gesprächspartner, den man besser meidet.

Ratschläge haben oft die Form von „Ich an Ihrer Stelle würde ...", was noch ermüdender und langweiliger sein kann als die ständige Selbstmitteilung. Allerdings sind Sie die Führungskraft, und präzise, konkrete Ratschläge, zum richtigen Zeitpunkt und in der richtigen Weise vorgebracht, können für Ihre Untergebenen von unschätzbarem Wert sein.

Ratschlag: Herr Birkner, ich möchte, dass Sie zu Frau Johner gehen und mit ihr reden, damit Sie sie besser kennenlernen. Sie neigen dazu, sich auf die Produktionsziele zu konzentrieren und dabei manchmal zu

vergessen, dass Menschen die Produktion erst möglich machen. Ich rate Ihnen, dass Sie sie erst einmal
nur besser kennenlernen. Wären Sie dazu bereit?

Wie Sie vielleicht auch schon gemerkt haben, können Ratschläge, die vom Chef oder von Vorgesetzten kommen,
leicht zu Anordnungen werden. Manchmal ist es daher das
beste, direkt zu sein und klare Anweisungen zum weiteren
Vorgehen zu geben.

Anweisung: Also, Herr Birkner, wir haben uns jetzt
lange genug unterhalten. Ich möchte nun, dass Sie
sich mit Frau Johner unterhalten, einfach, damit Sie
sich ein bißchen kennenlernen. Danach kommen Sie
wieder zu mir und berichten, wie es gelaufen ist.
Ganz ohne Tagesordnung. Zu einem guten Team
gehören schließlich auch die menschlichen Beziehungen. Probieren Sie es aus, und wir reden im Laufe des
Tages noch einmal miteinander. Haben Sie verstanden, was ich möchte?

Wenn Sie eine Anweisung geben, sollten Sie sich möglichst
deutlich, konkret und präzise ausdrücken. Außerdem ist es
nützlich, das weitere Vorgehen konkret zu planen.

Der nächsthöhere Grad der Einflussnahme ist die Warnung
oder Drohung:

Warnung/Drohung: Herr Birkner, wir haben uns jetzt
eine Weile unterhalten. Ich glaube, ich habe Ihren
Standpunkt verstanden. Allerdings hat es in dieser
Woche bereits drei Konflikte gegeben. Wir können
keinen weiteren Auseinandersetzungen dieser Art
brauchen. Sollte es noch einmal dazu kommen, werde
ich Ersatz für Sie finden müssen. Sie wissen, was ich
von Ihnen erwarte. Wir unterhalten uns am Mitt-
woch noch einmal.

Diese Warnung bzw. Drohung enthält die Konsequenzen, die eintreten werden, wenn das Geforderte nicht geschieht. „Herr Birkner, wenn Sie das tun, wird die Konsequenz sein, dass ..." Wenn Sie Drohungen oder Warnungen einsetzen, verlangt es die Situation, dass Sie sie in einem ruhigen Ton vorbringen und dass Sie aufmerksam beobachten, wie die Reaktionen darauf sind.

Zusammenfassen

In der fünfte Phase der Sitzung bzw. der Gesprächs geht es um Folgemaßnahmen und um die Bereitschaft zu handeln. Dies ist der Zeitpunkt, an dem die Problemlösung umgesetzt wird. Hier zeigt sich Ihr Erfolg als Führungskraft, denn es ist meist das konkrete Handeln, das den Unterschied macht.

Ihre Führungskompetenz gründet sich natürlich auf guter Aufmerksamkeit und den Einfühlungtechniken der Grundsequenz des Zuhörens. Darauf aufbauend müssen Sie in konsequenter Weise klare und wirksame Führungstechniken einsetzen.

Die Grundlage jeglichen Führens, sei es das moderate Feedback oder eine hart formulierte Drohung, sind klare und wirkungsvolle Anweisungen.

Anweisungen zu geben ist eine elementare Aufgabe jeder Führungskraft. Dabei ist es wichtig (und in einem gewissen Grad gilt dies für jede Art von Beeinflussung und Führung), dass Sie

1. eine genaue Vorstellung davon haben, was geschehen soll, klare Ziele sind äußerst wichtig,
2. das, was Sie sagen wollen, deutlich und konkret formulieren,

3. darauf achten, nachzufragen, ob das, was Sie gesagt haben, verstanden worden ist. Treffen Sie die nötigen Maßnahmen, um die Angelegenheit im Auge zu behalten und um später überprüfen zu können, ob Ihre Anweisungen ausgeführt worden sind.

Diese drei Punkte können auf jede Beeinflussungstechnik angewandt werden, etwa, wenn Sie ein Feedback geben, eine Interpretation liefern oder auch, wenn Sie eine Warnung bzw. Drohung aussprechen.

Die allerwichtigste Komponente des Führens ist wahrscheinlich Ihre Bereitschaft und Fähigkeit, die Angelegenheit zusammen mit Ihren Kollegen, Untergebenen oder Vorgesetzten weiterzuverfolgen.

Viele gute Entscheidungen verlaufen im Sande, weil sie nicht weiterverfolgt werden. Erfolgreiches Führen erfordert die Bereitschaft zu handeln.

Übungen zu den Führungs- und Beeinflussungstechniken

1. *Üben Sie sich darin, Anweisungen zu geben.* Als Grundlage des Führens sind die drei Punkte zum Thema Anweisungen auf der vorhergehenden Seite am wichtigsten. Denken Sie an Ihre Arbeitssituation. Welche Anweisungen müssen Sie in Ihrer Stellung geben? 1) Haben Sie eine genaue Vorstellung von dem, was geschehen soll? 2) Geben Sie Ihre Anweisungen in einer klaren, konkreten und präzisen Form? 3) Verfolgen Sie die Angelegenheit weiter und überprüfen Sie, ob die andere Seite verstanden hat, was Sie möchten? Testen Sie es, wenn Sie morgen bzw. das nächste Mal eine Anweisung geben.

2. *Die Fertigkeiten einüben.* Jede Beeinflussungstechnik, die in diesem Kapitel vorgestellt wurde, muss erlernt und

geübt werden, bis Sie sie gut beherrschen. Wählen Sie jeweils eine Fertigkeit aus und testen Sie ihre Wirkung in verschiedenen Situationen. Denken Sie daran, wie wichtig Flexibilität ist, und wechseln Sie zwischen verschiedenen Techniken ab – legen Sie sich nicht auf nur eine oder zwei fest.

3. *Üben Sie sich darin, Beeinflussungstechniken in eine längere Sitzung oder ein Einzelgespräch einzubauen,* zum Beispiel im Verkauf, in einem Disziplinierungsgespräch oder bei einer Leistungsbeurteilung. In jeder dieser Situationen können die Beeinflussungstechniken dieses Kapitels Ihnen entscheidend helfen, Ihre Führungsposition zu stärken.

Jetzt, da ich Ihre Aufmerksamkeit habe ...

Im Jahr 1946 fuhr das US-amerikanische Olympia-Skiteam nach Aspen, Colorado, um das erste Mal im Tiefschnee zu fahren. Viele Mitglieder des Teams kamen aus dem Osten der USA und kannten nur den schweren Schnee und die vereisten Pisten von Vermont und New Hampshire.

Nachdem die Mannschaft angekommen war, schneite es in der Nacht sehr stark – einen Meter neuen, weichen Pulverschnee. Joe, einer der besten Skilehrer der Gegend, bekam vom Direktor der Aspen Ski School die Aufgabe, das Team mit dem Pulverschnee vertraut zu machen. Joe war zwar ein hervorragender Skifahrer, erkannte aber, dass er diesen arroganten Jungs nicht das Wasser reichen konnte. Er merkte, wie sie ihn bei der Begrüßung von oben herab betrachteten.

Hier haben Sie also eine echtes Führungsproblem. – Wie geht man mit einer Gruppe echter Experten um, die meinen, sie wüssten alles? Wie schafft man es, dass sie ein Team bilden, und wie bringt man ihnen etwas bei?

Joe sprach kein Wort, sondern ging direkt zum Skilift und fuhr allein hoch. Verblüfft folgten ihm die Sportler.

Als er oben angekommen war, begann Joe sofort mit der Abfahrt, im Tiefschnee den Berg hinunter, ohne auf sie zu warten.

Wenn Sie noch nie im Tiefschnee gefahren sind, steht Ihnen noch etwas bevor – auch wenn Sie sonst sehr gut Ski fahren. Es ist ungefähr so als würden Sie auf deutschen Autobahnen auf der Überholspur fahren, nachdem Sie erst eine Fahrstunde gehabt haben. Es kann tödlich enden. Für den Tiefschnee braucht man eine spezielle Technik.

Joe rauschte den ersten Hang hinunter. Er schaute sich nicht um, konnte aber hören, wie die Mitglieder des olympischen Teams sich abmühten, ihn einzuholen. Er registrierte einige Stürze und hoffte nur, dass er auf dieser Strecke keinen zukünftigen Goldmedaillengewinner verlieren würde.

Gerade als zwei der Skifahrer ihn beinahe eingeholt hatten, machte Joe eine scharfe Linkskurve in den Wald hinein und fuhr einen noch steileren Hang hinunter. Wieder meinte er, einige Stürze zu hören. Es war für die kräftigen, jungen Skifahrer eine echte Herausforderung.

So ging es den ganzen Berg hinunter. Sobald jemand ihn einzuholen drohte, nutzte Joe seine Geländekenntnisse und wechselte die Richtung. Obwohl er wesentlich älter war als diese jungen Skifahrer, kam er als erster unten an und wartete auf sie.

Langsam stellten sie sich in einer Reihe vor ihm auf.

„Jetzt, da ich Ihre Aufmerksamkeit habe ...“, sagte Joe und begann seinen Unterricht.

Diese Geschichte hat mir ein Freund, Don Wales, erzählt, der mit mir in New Hampshire Ski gefahren ist. Er ist ein Mann, der das Risiko kennt. Im mittleren Alter erfüllte er sich einen lebenslangen Traum, den viele von uns haben. Er kündigte seine gute Stelle in New York, kaufte sich einen kleinen Textilladen hier im nahegelegenen New London und gab seinem Leben eine ganz neue Richtung.

Erfolgreiches Führen erfordert die Bereitschaft, Risiken auf sich zu nehmen. Aber Risiken auf sich zu nehmen ist gefährlich, solange man nicht die Grundtechniken beherrscht, das Gelände erforscht hat und die Gegend kennt. Als Joe, der Skilehrer, die Hügel hinunterraste, verfolgt von den jungen Olympioniken, war sein einziger Vorteil, dass er wusste, wohin er fuhr.

Wenn Sie ein klares Ziel haben, die entsprechenden Techniken beherrschen und die Gegend kennen, werden Sie wahrscheinlich als Erster ankommen.

Die Landkarte ist nicht das Gelände selbst

Dieses Buch liefert Ihnen die Karte, um die Produktivität Ihres Unternehmens durch die Menschen *und* die Produkte zu verbessern. Das Gelände zu kennen erfordert Übung und Fachwissen. Dieses Buch kann im Regal stehen, und durch die Lektüre allein ist wenig gewonnen. Sie können aber auch aktiv werden und die hier vorgestellten Prinzipien in der realen Welt anwenden.

Lassen Sie uns deshalb noch einmal einen Blick auf die Karte werfen, um die Landschaft im Überblick zu beschreiben.

Management-Geschichte und heutiges Handeln

Dieses Buch hat seine historischen Wurzeln in der TAYLOR-schen Tradition des Scientific Management. Kommunikationsfertigkeiten und Managementprobleme können in einzelne Komponenten unterteilt werden. Sie können neu angeordnet werden, um einen effizienteren Kommunikationsfluss für Mitarbeiter und Produkte am Arbeitsplatz herzustellen.

FRANK und LILLIAN GILBRETH haben uns gezeigt, dass erfolgreiche Produktion neben der Ausrichtung am Produkt auch ein am Menschen orientiertes Management erfordert. Im modernen Management ist die Kunst der Menschenführung allerdings in einem solchen Ausmaß betrieben worden, dass vergessen wurde, dass es schließlich die Produkte sind, die von den Kunden gekauft werden. Eine gute Personalpolitik ist wichtig, aber sie kann kein Ausgleich für schlechte Arbeit oder nachlässigen Service sein.

Es ist an der Zeit, die Balance zwischen Mensch und Produkt wiederherzustellen. Wir können sie nicht auseinanderdividieren, beide sind untrennbar miteinander verbunden.

Hören Sie zu.
Das ist das Wichtigste. Die innovative Idee des jungen Technikers kann leicht überhört werden, wenn die Führungskräfte nicht aufmerksam sind. Unsere Kunden teilen uns mit, was sie möchten. Der Datenfluss ist die Lebensader des Managements.

Zuhören ist allerdings nicht nur so eine Idee. Das Zuhören besteht aus einer Reihe ganz bestimmter Techniken, die Sie bis zur Vervollkommnung üben können. Aufmerksamkeitsverhalten und die Grundsequenz des Zuhörens ermöglichen es Ihnen, zu erfahren und zu verstehen, wie andere denken und handeln.

Aus dem Zuhören ergibt sich ein neues Verständnis für Menschen und Produkte. Zuhören liefert den Funken für die kreative Mischung, die aus Problemen Chancen macht.

Probleme systematisch und kreativ lösen.
Alle Techniken zur Einfühlung und Führung sind wichtig, wenn man reale Probleme lösen will. Die fünf Schritte zur Strukturierung einer Sitzung sind besonders nützlich, wenn es darum geht, Probleme kreativ anzugehen. Sie können eine ganze Sitzung alleine mit Hilfe von Zuhörtechniken leiten. Wenn nötig, können Sie dann zu Führungstechniken übergehen und so Ihren Einfluss und Ihre Effektivität steigern.

Wenn Sie an einem wichtigen Managementproblem arbeiten, wird Ihnen die Grundsequenz des Zuhörens helfen, das Problem auf unterschiedliche Weise zu betrachten und zu definieren. Sie müssen wissen, wie Ihre Mitarbeiter und Kollegen die Fakten des Problems organisieren und wie sie der Sache gefühlsmäßig gegenüberstehen. Es ist wichtig, sich gründlich in die anderen einzufühlen, um das Problem in seinem ganzen Kontext zu erfassen.

Ist es das Problem eines Einzelnen oder der Gruppe? Ist es eine menschliche Angelegenheit oder liegt es am Produkt? Muss dieser Mensch bzw. die Gruppe weiter angehört werden, damit Sie deren Auffassung des Problems kennenlernen? Die Technik der verschiedenen Blickwinkel wird Ihnen helfen, eine Angelegenheit aus unterschiedlichen Perspektiven zu betrachten, anstatt sich zu früh auf eine Lösung festzulegen.

Was ist das Ziel?
Diese dritte Phase der Sitzung bzw. des Gesprächs sollten Sie sich besonders gut merken. Wenn Sie guten Rapport und eine gute Problemdefinition haben, ist das ein guter Anfang. Wenn Sie und Ihr Team jedoch kein Wunschziel haben, suchen Sie vielleicht in der falschen Richtung.

Ziele geben an, wohin wir gehen wollen. Problemdefinitionen erinnern uns nur daran, dass wir ein Problem haben. Behalten Sie die von Ihnen und dem Team gewünschten Ziele ständig im Auge.

Kreative Lösungen finden.
Neue Antworten entstehen dort, wo es Diskrepanzen und Konflikte gibt. Wenn Sie das Problem klar umreißen können und eine ebenso klare Vorstellung Ihres Ziels haben, ist bereits viel gewonnen.

„Auf der einen Seite besteht das Problem ..., aber auf der anderen ist unser Ziel ..." Eine solche Zusammenfassung, wo Sie im Moment stehen (Problem) und wo Sie hinwollen (Lösung), kann Sie zu neuen, kreativen Lösungen führen.

Kreativität lebt von Konflikten, Widersprüchlichkeiten und mehrdeutigen Botschaften. Der kreative Manager ist eine

Art Künstler, der aus Diskrepanzen ein neues funktionierendes Ganzes bilden kann.

Sobald Sie und die anderen eine klare Vorstellung von der betreffenden Angelegenheit haben, ist ein Brainstorming möglich, um nach kreativen Alternativen zu suchen. Es ist wichtig, dass Sie sich in Ihre Mitarbeiter einfühlen und ihnen zuhören, um deren kreatives Potential zu nutzen.

Beeinflussen und Führen.
Um führen zu können, ohne zu werten, greifen Sie auf die Beeinflussungs- und Führungstechniken zurück. Welche Führungstechnik Sie verwenden, hängt von der Kreativität und dem inneren Halt Ihrer Gruppe ab. Sie als Manager werden in der Regel die weniger stark lenkenden Mittel einsetzen wollen (zum Beispiel das Feedback oder Informationen und Interpretationen).

Es empfiehlt sich, nur dann zu stärkeren Führungs- und Beeinflussungsmaßnahmen (wie detaillierten Interpretationen, Drohungen oder Warnungen) zu greifen, wenn es absolut notwendig ist.

Und wieder gilt es, vor allem zuzuhören. Ihre Mitarbeiter und Kollegen geben kreativ ihr Bestes, wenn Sie sie ermutigen und ihnen zuhören, wenn Sie präzise, wertfreie Rückmeldung geben und Diskrepanzen und Konflikte auf konstruktive Weise ansprechen.

Bei einer ausschließlichen Orientierung am Menschen gibt es keine Produkte. Wenn unsere Mitarbeiter aber das Gefühl haben, dass sie nicht unterstützt und in Fragen der Dienstleistung und der Produkte, die wir verkaufen, nicht einbezogen werden, wird vermutlich auch das beste Produkt scheitern.

Echte Führungspersönlichkeiten sollten dafür sorgen, dass auf Worte auch Taten folgen.
In Ihrer Managerfunktion sind Sie vor allem für diese letzten Phasen der Problemlösung wichtig. Können Sie in der abschließenden fünften Phase der Sitzung die Richtung vorgeben und so Ihrer Führungsfunktion nachkommen? Hat jeder, einschließlich Ihnen, bestimmte Aufgaben, für die er zuständig ist? Werden Sie die Angelegenheit weiter verfolgen, damit die Sitzung bzw. das Gespräch nicht umsonst war?

Oft gehen die Pläne selbst der besten Sitzung verloren, weil sich niemand um die Umsetzung kümmert.

Effektive zwischenmenschliche Kommunikation für Menschen und Produkte

Wie kann es uns gelingen, bessere Produkte und Dienstleistungen anzubieten? – Mit Hilfe derselben Techniken der Einfühlung und der Führung.

Was für Menschen gilt, lässt sich in diesem Fall auch auf Produkte und Dienstleistungen anwenden: Effektive Kommunikation liefert effektive Ergebnisse.

Die folgende Tabelle gibt Ihnen einen Überblick über die zentralen Inhalte dieses Buches. Sie präsentiert zwei Beispiele für das Fünf-Schritte-Schema zur Strukturierung einer Sitzung. Das eine Beispiel zeigt, wie ein Einstellungsgespräch geführt werden kann, das zweite, wie dieselben Prinzipien bei der Produktplanung angewandt werden können.

Menschen gewinnorientiert zu führen, erfordert sowohl menschliches als auch fachliches Wissen.

Zwei Beispiele: Kommunikationsfertigkeiten und die Strukturierung eines Einzelgesprächs bzw. einer Sitzung

Einen Bewerber interviewen	*Besprechung für die Produktplanung*

1. *Rapport/Strukturieren:* Setzen Sie Aufmerksamkeitstechniken ein, um sich in die Person bzw. die Gruppe einzufühlen. Nehmen Sie jeden der Anwesenden wahr. Machen Sie eine klare Aussage zum Zweck des Treffens.

„Ich freue mich, dass Sie gekommen sind ... Heute geht es darum, ...

... festzustellen, wie gut Sie zu unserem Unternehmen passen."	... das Armaturenbrett für unseren neuen Lkw zu entwickeln."

2. *Definition des Problems* bzw. *der Chance:* Verwenden Sie die Grundsequenz des Zuhörens, um die Fakten und die dazugehörigen Gefühle zu ordnen. Konzentrieren Sie sich beim Gespräch bzw. als Sitzungsleiter darauf, sich in die andere Person bzw. die Gruppe hineinzuversetzen. Achten Sie darauf, die Angelegenheit aus allen wichtigen Blickwinkeln zu betrachten.

„Was sind die Hauptgründe, die Sie zu uns geführt haben?"	„Welches sind die wichtigsten Faktoren, die wir bei unserer Planung berücksichtigen müssen?"
„Sie hatten das Gefühl, dass Ihr letzter Chef Sie nicht richtig verstanden hat, und das hat Sie geärgert."	„Es hört sich an, als sei Ihnen ein Öldruckmesser sehr wichtig."

„Lassen Sie mich zusammenfassen: Wenn ich Sie richtig verstanden habe, ist Folgendes für Sie das wichtigste: ..."

3. *Definition der Wunschziele.* Verwenden Sie die Grundsequenz des Zuhörens, um Vorstellungen von einer idealen

Stelle bzw. eines idealen Produkts zu erhalten. „Wenn Sie nicht wissen, wohin Sie gehen, landen Sie vielleicht anderswo." In manchen Sitzungen und Gesprächen werden die Ziele vor den Problemen definiert; dadurch sparen Sie Zeit.

„Wie würde Ihre ideale Stelle aussehen?"	„Wie würde das ideale Armaturenbrett aussehen?"

4. *Suche nach Lösungsmöglichkeiten.* Fassen Sie wichtige Diskrepanzen, die Sie zwischen Problemdefinition und idealem Ziel bemerkt haben, zusammen und sprechen Sie sie an. Dies bringt die anderen dazu, mit kreativen Lösungen aufzuwarten. Verwenden Sie weiterhin die Grundsequenz des Zuhörens, um mehr Informationen und Überlegungen zu bekommen. Soweit es sinnvoll ist, tragen Sie durch Beeinflussungstechniken wie Feedback, Information und die Selbstmitteilung auch eigene Gedanken bei.

„Auf der einen Seite sagen Sie, an Ihrem früheren Chef hat Sie gestört, dass er Ihnen vorschrieb, was Sie zu tun hätten. Wie wird das damit zusammenpassen, dass wir in unserem Unternehmen großen Wert auf Rechenschaftsberichte legen?"	„Auf der einen Seite scheint die Gruppe eine große Anzahl von Funktionsanzeigen zu favorisieren. Wie geht ist das mit den Platz- und Kostenbeschränkungen zu vereinbaren? Sammeln wir dazu noch einige Ideen."

„Lassen Sie mich ein Feedback zu dieser Sitzung/diesem Gespräch geben ..."
„Wir sind nun an folgendem Punkt: ..."

5. *Handlungsbereitschaft:* Gespräche, Treffen und Sitzungen sind oft umsonst, weil die Angelegenheit hinterher nicht weiter verfolgt wird und die Bereitschaft zu handeln fehlt. Hier sind direktive Führungstechniken besonders gefragt. Als Manager müssen Sie dafür sorgen, dass die einzelne Person bzw. die Gruppe als Ergebnis des Gesprächs etwas tut. Geben Sie jedem der Anwesenden etwas persönliche Anerkennung und übertragen Sie ihm ein Stück Verantwortung.

Einen Bewerber interviewen	*Besprechung für die Produktplanung*
„Als nächstes möchte ich, dass Sie drei Personen um ein Empfehlungsschreiben bitten. Vereinbaren Sie außerdem mit unserer Personalabteilung einen Termin für eine Reihe von Tests, die Sie absolvieren sollen."	„Sitzungen ohne Folgemaßnahmen sind meist Zeitverschwendung. Lassen Sie mich deshalb jedem von Ihnen eine Aufgabe zuteilen ... Ich möchte die Berichte am Mittwoch auf meinem Schreibtisch haben."

Ob es um Menschen oder um Produkte geht, das Fünf-Schritte-Modell zur Strukturierung einer Sitzung und die Kommunikationstechniken sind die Basis für Verstehen, Problemlösung und erfolgreiches Management.

Schwertkunst der Samurai, Kommunikationstechnik und Skifahren

Die Samurai zerlegen die komplexe Technik der Schwertkunst in zahlreiche Einzelschritte. Diese Schritte werden nacheinander bis zur Perfektion geübt. Die Samurai ziehen sich dann auf einen Berggipfel zur Meditation zurück und gelangen so zu ihrer persönlichen kreativen Integration jener Techniken.

Zur effektiven Kommunikation zwischen Menschen gehört es ebenfalls, den komplexen Prozess in einzelne Schritte zu zerlegen. Jeder dieser Schritte erfordert Übung, damit man ihn beherrscht. Eine gekonnte und souveräne Ausführung kommt nicht von selbst.

Dieses Buch hat die Techniken der Einfühlung und Führung nach Art der Samurai vorgestellt, nämlich: eine nach der anderen. Wenn Sie jede der Techniken gründlich üben, bis Sie sie beherrschen, werden Sie den Kommunikationsprozess lenken, Sitzungen wirkungsvoller leiten und Arbeitsgespräche angemessener und effektiver durchführen können.

Und Sie können sich darauf freuen, sich auf den Berggipfel zurückzuziehen, um Ihre eigene kreative Basis zu finden. Mit einem integrierten Verständnis für Kommunikation im Sinne von Mensch und Produkt können Sie dann zurückkehren und das Bestehende neu gestalten.

Dieses Buch wurde während eines wunderschönen, verschneiten Januars mit Blick auf den Mount Sunapee, New Hampshire, geschrieben. Ich habe Ski fahren gelernt.

Leider muss ich zugeben, dass ich von Natur aus nicht mit einem schönen Laufstil gesegnet bin, aber ich habe jede einzelne Technik fleißig geübt. Als Erstes bin ich immer wieder im Pflug den Idiotenhügel hinuntergefahren. Mir fiel es auch nicht leicht zu lernen, wie man beim Skilift ein- und aussteigt.

Dann wurde mir vieles gesagt, von dem ich feststellte, dass ich es täglich üben musste. Inzwischen habe ich gelernt, gleichzeitig mit Vorlage zu fahren, den Druck auf meinen Fußballen zu spüren, den Stock kurz vor dem Richtungswechsel einzusetzen, den Talski zu belasten, einen rechten Winkel zum Hang beizubehalten, Oberkörper und Beine unabhängig voneinander zu bewegen, die Füsse in Schulterbreite, die Strecke vor mir im Auge zu behalten, auf die Schneebeschaffenheit zu achten und bei Kompaktschnee druckvoll, auf Eis mit Gefühl zu fahren *und dabei noch locker zu bleiben!*

Jedes Mal, wenn ich eine neue Einzeltechnik übe, kommt es mir vor, als hätte ich alles, was ich zuvor gelernt habe, wieder vergessen. Aber ich übe weiter.

Und auf meine Weise hat sich alles zusammengefügt. Heute morgen habe ich es den „Wing-Ding" hinunter geschafft, die schwarze Abfahrt am Mount Sunapee.

In gleicher Weise müssen die Techniken dieses Buches geübt werden. Wenn Sie sie üben, stellen Sie wahrscheinlich fest, dass die Aufmerksamkeit für die eine Technik Ihre Gesamtleistung beeinträchtigt. Geben Sie jedoch nicht auf, sondern üben Sie weiter, und Sie werden feststellen, dass sich ganz neue Dimensionen der Koordination und Wirkung eröffnen.

Sie werden diese Karte, auf der die Kommunikation für Menschen und Produkte verzeichnet ist, nach Hause mitnehmen müssen. Probieren Sie die Vorschläge und Techniken aus. Sie funktionieren und werden für Sie und Ihr Unternehmen eine Unterschied machen.

Feilen Sie an Ihrer Technik – wir sehen uns auf der Piste!

Nachweis der Zitate

CLÉMENT, C., The Lives and Legends of Jacques Lacan, New York: Columbia Press 1983.

IVEY, A., Developmental Therapy. Theory into Practice, San Francisco: Jossey-Bass 1986.

PLATON, Sämtliche Werke Band III: Menon, Hippias I, Euthydemos, Menexenos, Kratylos, Lysis, Symposion. In der Übersetzung v. Friedrich Schleichermacher, Rowohlts Klassiker, Hamburg 1957.

Nachwort

Bei einem Besuch bei ALLEN E. IVEY in Sunapee, New Hampshire, USA, erfuhr ich, dass er die gesammelten Ergebnisse von zwanzig Jahren Kommunikationsforschung und internationaler Trainingserfahrung in einem „little blue book" zusammengefasst habe. Nach über 20 Büchern und 200 Artikeln habe er eine anwendungsorientierte Handreichung für Führungskräfte geschrieben, die erlernen wollen, wie sie in vielfältigen Situationen ihrer beruflichen Praxis mit den Menschen ihrer Umgebung ergebnisreich kommunizieren können. Dieses „little blue book" liegt vor Ihnen.

Dass gerade Führungskräfte bezüglich ihrer Kommunikationsfähigkeiten immer wieder und besonders angesprochen werden, liegt wohl daran, dass die Arbeit der Führungskräfte im beruflichen Alltag durch Worte, Gespräche, Besprechungen und Regelkommunikation gekennzeichnet ist. Durch die Art und Weise zwischenmenschlicher Kommunikation mit Mitarbeitern und Kollegen wird Führung spürbar. Führung geschieht durch Kommunikation. Und darum geht es in diesem Buch: Dass Führungskräfte zwischenmenschliche Kompetenz als Schlüssel für den unternehmerischen Erfolg erkennen und in leicht lesbarer Form die ergebnisentscheidenden Fertigkeiten der Kommunikation „Von Mensch zu Mensch" erlernen und – was besonders wichtig ist – auch umsetzen können.

Vor, während oder nach der Lektüre stellen sich dem Leser möglicherweise zwei wichtige Fragen:

1. Die Frage nach der wissenschaftlichen Begründung der von IVEY anschaulich dargebotenen Kommunikationstechniken und
2. Die Frage nach der praktischen Erprobung.

Deshalb möchte ich Ihnen die Vorgeschichte dieses Buches
vorstellen und Ihnen darüber hinaus Anregungen für Ihren
beruflichen Alltag als Ausbilder, Berater, Coach, Führungskraft, Personalentwickler, Referent in der Erwachsenenbil-
dung und Trainer geben.

1. Zur wissenschaftlichen Begründung

ALLEN E. IVEY (Ph. D., Professor und Direktor für Beratungspsychologie an der University of Massachusetts) und
JERRY AUTHIER (Ph. D. und Professor an der University of
Nebraska) beobachteten über viele Jahre das Kommunikationsverhalten und Gesprächsgeschehen verschiedener Berufs-
und Personengruppen. Die Beobachtungen sollten Auf-
schluss darüber geben, auf welchen „Säulen der Kommunikation" Gesprächsergebnisse, Gesprächserfolg oder Ge-
sprächsmisserfolg ruhen.

Im Verlauf ihrer Forschungsarbeiten stellten die Wissen-
schaftler – eher zufällig – fest, dass sich zwischenmenschliche
Kommunikation auf einige wenige, doch erfolgsentscheiden-
de Gesprächsfertigkeiten („communication skills") reduzie-
ren lässt: Und zwar unabhängig vom jeweiligen Gesprächs-
anlass, Gesprächsgegenstand, Bildungsniveau der Gesprächspartner, Gesprächszeitpunkt und der Gesprächsdauer.

Die beiden Kommunikationsforscher ermittelten acht grundlegende Fertigkeiten des aktiven Zuhörens und neun Fertigkeiten der interpersonellen Beeinflussung als Kommunikationsbausteine:

Grundlegende Fertigkeiten des aktiven Zuhörens
  1. Das Zeigen von Aufmerksamkeit
  2. Das Stellen offener und geschlossener Fragen
  3. Die Beobachtung und Berücksichtigung nonverbaler
     Äußerungen

4. Die Ermutigung zum Weitersprechen
5. Das Paraphrasieren von Gesprächsinhalten
6. Die Zusammenfassung ganzer Gesprächssequenzen als konstruktives Erlebnis
7. Das Erkennen und Widerspiegeln der Gefühle des Gesprächspartners
8. Das Annehmen von Feedback

Fertigkeiten der interpersonellen Beeinflussung
9. Das Geben von Feedback
10. Das Informieren
11. Die Nennung von Gründen
12. Das Berichten eigener Erfahrungen
13. Das Beraten
14. Das Erteilen von Anweisungen und Aufträgen
15. Das Nennen positiver oder negativer Konsequenzen
16. Das Setzen von Schwerpunkten
17. Das Klären von Widersprüchen und gemischten Botschaften.

Die Erkenntnisse der Forschungsarbeiten wurden von ALLEN E. IVEY und JERRY AUTHIER 1978 in den USA[1] und 1983 in der Übersetzung von BERND JOACHIM ERTELT/WILLIAM E. SCHULZ[2] in Deutschland veröffentlicht. Es war den Autoren nachweislich gelungen, ein ganzheitliches Modell effizienter Gesprächsführung vorzustellen: ein integratives Bündel genau definierter Kommunikationsfertigkeiten, die für eine erfolgswirksame Gesprächsführung entscheidend sind.

Nun ist das oberste Kriterium für die Güte einer Kommunikationsmethode nicht die Übereinstimmung mit der wissenschaftlichen Theorie, sondern die Bewährung in der Pra-

---

1 Microcounseling: Charles C. Thomas, Publisher, Springfield, Illinois, USA (1978)
2 Microcounseling: Bratt-Institut für Neues Lernen, Goch (1983)

xis. Deshalb entwickelten IVEY und AUTHIER in der Folge
ein psychologisch-pädagogisches Beratungsmodell des Microtrainings und Microcounselings „als eine Methode zur
Vermittlung von Gesprächsfertigkeiten für ein weites Ein-
satzfeld mit sehr verschiedenen theoretischen und praktischen Rahmenbedingungen" (IVEY, 1983, S. 24).

2. Zur praktischen Erprobung

1979 erarbeitenen ALLEN E. IVEY und J. LITTERER das
Kommunikationstrainingsprogramm „Face to Face" auf
der Grundlage des Microcounseling-Ansatzes, das nach seiner Einführung im Jahre 1980 beträchtliche Verbreitung er-
reichte. Ziel des Programms ist es, immer nur eine Fertigkeit auf einmal zu erlernen und so allmählich ein Reper-
toire kommunikativer Qualifikationen zu erwerben. Auf
diese Weise konnte die Kluft zwischen Theorie und Praxis,
zwischen Lernsituation und berufspraktischer Führungssi-
tuation, zwischen Sagen und Tun überbrückt werden. Folg-
lich zerlegen die Autoren den Kommunikationsprozess in
einzelne Bausteine, die anhand vieler Führungs- und Problemsituationen aus dem Berufsalltag erläutert werden. Die
Lernenden erfahren, welche Fertigkeiten der Kommunikation in Führungs-, Verkaufs- und Gruppensituationen wie
erfolgswirksam eingesetzt werden. Die sich anschließenden
praktischen Kleingruppen-Übungen mit Video-Erfolgskon-
trolle helfen, ertragreiche Gespräche einzuüben, diese in der
Berufspraxis zu führen und durch effiziente Kommunikation beste Beziehungen zu gestalten. Auf diese Weise können
eingeübte Gesprächsfertigkeiten („skills") durch praktische
Übung zu internalisierten „abilities" werden (vgl. IVEY/LIT-
TERER, 1979 und 1989).

Ab 1982 wurde das video-gestützte Trainingsprogramm
unter dem Namen „Von Mensch zu Mensch" in Deutschland eingeführt und wird seither von hierfür zertifizierten

Trainern durchgeführt. Das Programm besteht aus einer
Einführung und zwölf Lektionen. Der Schwerpunkt des
Trainingsprogramms liegt darauf, siebzehn Fertigkeiten
(Kommunikationsbausteine) zu erlernen, die, als Instrumen-
te eingesetzt, Gesprächsführung effizienter machen. Wie die
nachfolgende Abbildung zeigt, bauen die einzelnen Kommunikationsfertigkeiten aufeinander auf.

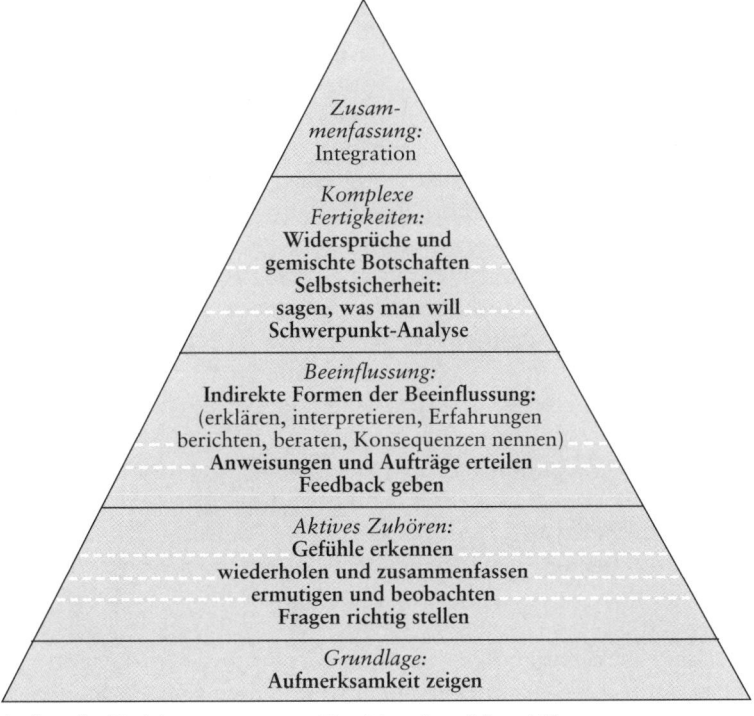

Aufbau des Trainingsprogramms „Von Mensch zu Mensch"[3]

---

3 Ivey/Litterer (1984 ff.). Von Mensch zu Mensch. Trainingsprogramm
   für bessere Gesprächsführung. Trainerleitfaden Teil I, S. 12c

Der typische Aufbau und Ablauf einer Lektion im Seminar
besteht aus

1. der Lernzielvereinbarung
2. einer Video-Fallstudie
3. den Hintergrundinformationen
4. dem praktischen Üben der einzelnen Fertigkeit (Schwerpunkt jeder Lektion)

Bei der Durchführung solcher Kommunikationstrainings-
maßnahmen im In- und Ausland für Weiterbildungsinstitu-
te, multinationale und nationale Unternehmen konnte ich
mich von der Wirksamkeit des Trainingsprogramms, von
der Methode des „Microtrainings und Microcounselings"
und der praktischen Umsetzung dieses theoretisch fundier-
ten Konzepts überzeugen. In der Laborsituation vieler Se-
minare für Bildungsbeauftragte, Berater, Betriebspsycholo-
gen, Führungskräfte in Vertrieb, Verwaltung und Produktion, Ingenieure, Kundendienst-Techniker, Psychologen un-
terschiedlichster Profession, Verkäufer in Industrie, Handel
und Dienstleistung ... erweiterten und/oder reduzierten die
Trainingsteilnehmer ihre potenziellen Möglichkeiten effizienter Gesprächsführung, je nachdem, welcher Kommunika-
tionsanlass gegeben war. Immer wieder zeigte sich, dass
sich in den verschiedensten Kommunikationssituationen (ob
Führung, Beratung oder Verkauf) bei Seminarteilnehmern
die ganze Breite des „angelernten" Gesprächsverhaltens wi-
derspiegelte.

Deshalb ist das nachhaltige Neu-Lernen und Um-Lernen an-
gestammter Kommunikationsverhaltensweisen als Schlüssel
für die Verbesserung der eigenen Führungsfähigkeit zu sehen.

Erforderlich ist darüber hinaus die Einübung einer der
wichtigsten Führungsfähigkeiten: Die Unterscheidung des
Wesentlichen vom Unwesentlichen und der feste Wille, die

täglichen Gesprächssituationen für alle Beteiligten – für die
Führungskraft und deren Gesprächspartner – kommunika-
tiv so ergiebig wie nur möglich zu gestalten.

Ich freue mich, wenn Sie aus IVEYS Buch hierfür konkrete
Anregungen entnehmen können und für Ihre berufliche Arbeit neue Kraft schöpfen.

Im Januar 2000
DR. WALTER ROSENBERGER

Zum Autor

Allen E. Ivey ist Professor für Schul- und Beratungspsychologie an der University of Massachusetts, Amherst. Er ist Präsident der Microtraining Associates, Inc.

1955 hat Ivey sein Psychologie-Studium an der Stanford University abgeschlossen. Nach einem Jahr als Fulbright-Stipendiat an der Universität Kopenhagen (1955/56) promovierte er 1959 an der Harvard University in Pädagogik.

Ivey hat ein Diplom in Beratungspsychologie, verliehen vom American Board of Professional Psychology, war Präsident der Division of Counseling Psychology der American Psychological Association, sowie Fulbright Senior Lecturer an der Flinders University, South Australia. Seine Vortragstätigkeit führte ihn nach Kanada, Japan und in den pazifischen Raum.

Ivey hat mehr als zwanzig Bücher und 200 Artikel verfasst, und seine Schriften sind bisher in vierzehn Sprachen übersetzt worden.

Zu den Firmen, die Ivey im Laufe der Jahre beraten hat, zählen die Digital Equipment Corporation, Siemens International, Standard Electric Lorenz (SEL), die Veteran's Administration, das Washington Hospital Center, die Australian Telecom, Prime Computer, Petrosar Chemical sowie die Universitäten Cornell, Harvard und Stanford.

Aus unserem Buchprogramm

Hans-Georg Lettau
Partner Kunde
Allianzen zum beiderseitigen Nutzen.
Mit einem Geleitwort von Dr. Walter Rosenberger.
Die lernende Organisation Band 15, 1999,
105 Seiten mit 18 Abbildungen, broschiert.
ISBN 3-931085-19-8

Matthias Lung
Betriebliche Weiterbildung
Grundlagen und Gestaltung.
Die lernende Organisation Band 10, 1996,
317 Seiten mit 47 Abbildungen, broschiert.
ISBN 3-931085-04-X

Rolf Th. Stiefel
Personalentwicklung in Klein- und Mittelbetrieben
Innovationen durch praxisorientierte PE-Konzepte.
Die lernende Organisation Band 16,
2., bearbeitete und ergänzte Auflage 1999,
243 Seiten mit 28 Abbildungen, broschiert.
ISBN 3-931085-20-1

Ursula Wolters
Lösungsorientierte Kurzberatung
Was auf schnellem Wege Nutzen bringt.
Berater und Ratnehmer Band 15, 2000,
191 Seiten mit 15 Abbildungen, gebunden.
ISBN 3-931085-24-4

**Rosenberger Bücher
gibt es in jeder guten
Buchhandlung oder
direkt beim Verlag:**

ROSENBERGER ●/
FACHVERLAG
**Bücher für Berater, Unternehmer
und Führungskräfte**
Postfach 1616 · 71206 Leonberg
www.rosenberger-fachverlag.de
Telefon (0 71 52) 2 26 27
Telefax (0 71 52) 2 43 21